周口店遗址精品选

THE SELECTED COLLECTION OF PEKING MAN SITE AT ZHOUKOUDIAN

周口店北京人遗址博物馆　编
Compiled by Peking Man Site Museum at Zhoukoudian

故宫出版社
The Forbidden City Publishing House

编委会

学术顾问

高　星　同号文　张双权

主　编

董翠平

副主编

隗建华　穆云涛

编　委（姓氏笔画为序）

马丽华　朱　力　宋冬勇　李　俨　李秋生

李春蕊　陈　蕾　高　爽　谢　辉

文字撰稿

宁　娟　赵桂珍　霍晓琦

摄　影

任　超　宁　娟　赵桂珍

猿人洞

序
Preface

在历史的漫漫长河中，包含着无数人类文明的遗珠，散落在中华大地的各处，闪耀着动人的光芒，它们就是远古人类文化遗址以及各个遗址中出土的文物和标本。这些遗迹遗物，不仅仅是人类文明的证物，也是全人类共同的财富。博物馆是收藏研究和展示这些文物的场所，也承载着弘扬和传播人类文明的使命。保护好这些珍贵的遗产，并使其价值得以揭示、利用和传播，也是当代博物馆人重要的历史使命。

近年来博物馆在城市发展中功不可没，它对满足人们精神文化生活意义重大。为切实做到让文物“活”起来，使观众更加直观地了解文物，博物馆工作者做了大量的工作，在收藏研究和展示藏品的基础上，利用多种手段将藏品的价值予以更深层次的揭示。

周口店遗址是享誉世界的、著名的古人类遗址，发掘出土文物材料之丰富在世界同时期古人类遗址中居首位。周口店北京人遗址博物馆也是新中国成立后最早建立的史前遗址博物馆。为了满足人们日益增长的文化需要，2006 年启动了新馆建设，2014 年 5 月新馆落成并向公众开放。丰富的展品和多元的展示手段，为公众解读人类自身进化历史提供了更多的实证，但与从周口店遗址发掘出土的标本相比，展出的仅仅是很少的一部分。为了将更多的藏品更好地呈现给公众，周口店遗址博物馆按照藏品分类，编辑了这本图录，以弥补展厅面积有限、很多藏品难以展示的缺憾。祝愿《周口店遗址精品选》图录能早日出版，可以为广大观众提供更多更好的精神食粮。

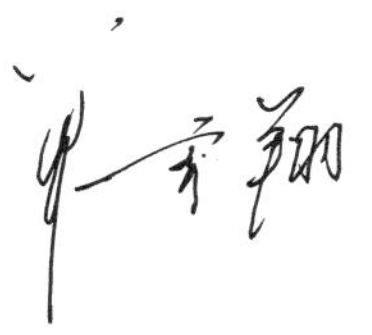

During the long history of human evolution, there are various and different period human sites and relics all over China, which are like pearl left by fossil human and shining the moving light.Those were not only the evidences of human civilization, but also the wealth of the whole world mankind. Museum is a place where collect, research and exhibit these relics, it also carries the mission of spreading the human civilization. Protection of these precious heritage, and make it worth to reveal, use and spread, is also an important historical mission of contemporary museum.

In recent years, museums played an important role in the development of city, it is of great significance to meet people's spiritual and cultural life. In order to make the audience more intuitive understanding of cultural relics, museum workers have done a lot of work, on the basis of collection, research, display collections using a variety of means the collection value to be deeper revealed.

Zhoukoudian site is a world-famous ancient human sites, which is one of the most abundant cultural relics and materials in the world at the same period of ancient human sites. The Peking Man Site Museum at Zhoukoudian is the earliest prehistoric site museum established after the founding of new China. In 2006, the new museum building started to construct and Peking Man Site Museum at Zhoukoudian completed and open to the public in May 2014, the richer exhibits and multiple means of display who provide interpretation of the evolution of human beings history provide more evidence to the visitor. In order to display more better collections presented to the visitors, Peking Man Site Museum at Zhoukoudian in accordance with the nature of the classification to edit the the catalogue of Zhoukoudian Site collection, which will compensate for the exhibition area of limited and difficult to exhibit more collections. Wish this catalog provide the majority of the visitors to provide more and better spiritual pabulum.

Shan Jixiang

目 录

Contents

概　述

周口店遗址位于北京城西南约50千米处的房山区周口店镇，地理坐标东经115° 51′，北纬39° 41′，保护面积为4.8平方千米。最早发现于1918年，1921年试掘，1927年正式发掘，包括27处化石地点，其中第1地点（猿人洞）共发现属于40多个个体的200余件古人类化石，10余万件石制品，上百种动物化石，大量的用火遗迹，是目前所知同时期古人类遗址中材料最丰富、最全面、最系统的一处，也是人类了解自身进化历史、追寻远古文化足迹的一个重要窗口。周口店遗址涵盖了直立人、早期智人和晚期智人三个古人类阶段，构成一个连续的古人类演化序列，出土了大量的古人类、古生物化石及文化遗物，堪称化石标本的宝库。这些化石标本是展现生物进化和人类演化的经典证据，在古人类学、旧石器时代考古学、第四纪地质学和古生物学等研究方面均享有重要地位。

周口店遗址1961年被公布为全国重点文物保护单位；1987年被联合国教科文组织列入世界文化遗产名录；1992年被北京市政府授予青少年科普教育基地称号；1997年被中宣部授予“全国百家爱国主义教育示范基地”之一；2005年被国家旅游局评为国家AAAA级旅游景区；2008年、2010年先后被国家文物局评为国家一级博物馆、国家考古遗址公园；2011年被联合国教科文组织亚太地区世界文化遗产培训与研究中心授予“世界遗产青少年教育基地”；2012年被中国科学技术协会授予“全国科普教育基地”称号。

周口店遗址于1921年被发现，断断续续地经过了几十年的发掘历程。

1918年，瑞典地质学家安特生首先前往周口店鸡骨山考察。1921年，他与奥地利古生物学家师丹斯基在当地农民引导下，来到龙骨山发掘。1921年和1923年，师丹斯基将发掘出土材料包括一枚似人似猿的牙齿以及大批脊椎动物化石运往瑞典的乌普萨拉大学修理和研究。1926年，瑞典的实验室，从来自周口店的材料中又修理出一枚人牙。同年10月，安特生在欢迎瑞典皇太子古斯塔夫六世·阿尔道夫的访华会上宣布了这项重要发现，立刻引起了世界的关注。因为当时不仅在中国，即使在亚洲大陆上也没有发现如此年代古老的人类化石。

1927年，中国地质调查所与北京协和医学院签署协议，由美国洛克菲勒基金会资助，对周口店遗址进行十年大规模的系统发掘工作。此次发掘一直持续到1937年，是周口店发掘史上持续时间最长的一次，它奠定了周口店遗址在古人类学、旧石器时代考古学以及第四纪地质学等领域的重要地位。

1941年太平洋战争爆发，在日军侵华的战乱中，保存在美国人手里的人类化石和动物化石不幸丢失，至今仍为世界悬案之一。

新中国成立后，1949–1979年对周口店遗址第1地点（猿人洞）又进行过多次发掘，出土了一些新材料。同时，发现了一些新地点。特别是在1973年和2003年分别对第4地点和新发现的田园洞进行了发掘，都有重要发现。2009年6月开始，对猿人洞西剖面进行保护性清理发掘。

经过多年的发掘，周口店遗址各化石地点出土了数量巨大、种类丰富的化石标本，涵盖了从上新世、早更新世、中更新世到晚更新世的古生物化石，更新世的人类化石标本、大量的旧石器时代文化遗物。

周口店遗址附近有古人类长期居住，这些得益于周口店附近良好的自然环境。根据对出土化石标本以及植物孢粉的研究，“北京人”长期在此居住时，这里水源丰沛、植被茂密、气候温暖而湿润。经过研究表明，周口店遗址一带的古气候，从上新世至更新世虽然多有变动，但其总趋势是由湿热走向干凉，气候环境应优于如今的北京或者大体相仿，适宜于古人类生存和繁衍，特别是中更新世时期的气候非常宜人，气候演变具有东亚季风带的典型气候特征。中更新世晚期，周口店第15地点和第4地点堆积反映的古气候要比“北京人”时期气温偏低偏干。晚更新世气候有过几次变动，初始相当温暖而湿润，距今21000–13000年，气候则比今天干冷；距今12000年，气候转暖，山顶洞人生活时期，在哺乳动物群中，食肉目动物很多，占 40.42%，是最适宜人类生活以暖湿为主的气候环境。

周口店遗址依山傍水，气候宜人，植被繁茂，动物种类繁多，为原始人在此生活提供丰富多样的生活资源，仅仅哺乳动物化石就有 100 多种，数以十万计，其中的一部分是人类狩猎的对象，但也有一些动物，如虎、豹、鬣狗等成为人类的天敌，使“北京人”及其后的古人类的生存环境变得严酷。周口店多处古人类遗址均发现鬣狗粪层，尤其是“北京人”遗址（即周口店第 1 地点），鬣狗粪层从第 11 层至第 6 层均有，表明即使古人类有工具、能用火，有时仍斗不过野兽，一度失去对该洞的控制。遗址内出土的多种动物，其不同的习性也反映出当地自然环境的多样性，附近应有森林，容纳虎、豹和猴等栖居；有沼泽，为犀牛提供生息之地；还可能有沙漠，适宜鸵鸟和沙鼠等生存；水牛的发现既反映气候温暖，又说明附近有开阔的水域。

因为这些珍贵的化石标本，以及出土化石标本的各个遗址及化石地点，周口店遗址成为考古学者心目中的朝圣地之一。

自发掘以来，无数考古学者慕名而来，1929 年，在周口店遗址建立了周口店工作站。

1953 年，在周口店遗址建“中国猿人陈列室”，9 月 21 日，这个神圣的古人类遗址终于以博物馆的面目开始对外开放。

1972 年，将“中国猿人陈列室”改扩建为“北京猿人展览馆”，建筑面积 1036.32 平方米，为回字形展览馆。

2001 年，利用原有的展览馆，对基本陈列进行了改陈。

2011 年，周口店北京人遗址博物馆新馆开始破土动工。

2014 年 5 月 18 日，周口店北京人遗址博物馆新馆对外开放，新馆建筑面积 8093 平方米，造型为一件遗落在华北平原的石器，展览与建筑紧密结合，以下沉式的参观流线，很巧妙地把考古发掘的层层深入和展陈内容的时代顺序以及观众领会知识的循序渐进相结合。周口店北京人遗址博物馆新馆基本陈列被评为“2014 年全国十大精品陈列”。

Summary

Zhoukoudian Site is located in Fangshan District of Beijing City, 50 kilometers southwest of downtown Beijing. Its geographical coordinates are 39°41' N and 115°51' E.

Zhoukoudian Site was discovered in 1918. Official excavations proceeded in 1927, six years later after the test excavation conducted in 1921. As a result, a total of 27 fossil Localities were brought to surface. Locality 1 (Peking Man Cave) produced nearly two hundred pieces of Peking Man fossil (from around 40 individuals), over one hundred thousand stone artifacts, and several layers of ash as evidence of fire use as well as more than one hundred species of fossil animal.

The human fossils unearthed from Zhoukoudian Site were attributed to Homo erectus, archaic *Homo sapiens* and modern *Homo sapiens*, which represent the three crucial stages of human evolution respectively, and indicate a nearly continued occurrence of humans in the local region. Zhoukoudian Site is outstanding in its rich human remains, where the stories of biological evolution and human evolution were well recorded. The Site is of great significance to the studies of Paleoanthropology, Paleolithic Archaeology, Quaternary Geology and Paleontology.

Zhoukoudian Site was put on the list of sites to be protected for their historical and cultural value at national level by the State Council of China in 1961 and inscribed on the World Heritage List by the UNESCO in 1987. It was conferred with the title of Science Education Base for Youth in 1992 and selected into the Top 100 Patriotism Education Bases across China in 1997. It was included on the list of national AAAA level scenic spots by the National Tourism Administration in 2005. After recognized as the first-class national museum in 2008, Zhoukoudian Site was confirmed as National Archaeological Site Park by the State Bureau of Cultural Relics in 2010. It was given the title of World Heritage Education Base for Youth by World Cultural Heritage Training and Research Center in Asian-Pacific Region of UNESCO in 2011 and National Scientific Education Base by China Association for Science and Technology (CAST) in 2012.

In 1918, Dr. Andersson visited the Chicken Bone Hill (Jigushan) of Zhoukoudian during a filed survey. In 1921, under the guidance of local farmer, Andersson and Otto Zdansky, an Austrian paleontologist, came to the Dragon Bone Hill (Longgushan) of Zhoukoudian and conducted test excavation there. In 1923, Otto Zdansky returned to the site and unearthed a molar highly resemble both human and ape tooth and a large quantity of vertebrate animal fossils, all of which were shipped to Uppsala of Sweden for repair and study. In 1926, a human premolar was identified among the materials unearthed from Zhoukoudian stored in Uppsala. Andersson announced this significant discovery in October in Beijing when Swedish crown Prince Gustav VI Altdorf stayed in China for a short visit. The explosive news immediately drew high attention from the world, since no such time-honored human fossil had ever been discovered in China and Asian continent back then.

Under the support of the Rockefeller Foundation, the Institute of Geological Survey of China and Peking Union Medical College jointly launched a ten-year-long excavation project at Zhoukoudian in 1927. It became the longest excavation activities ever happened at the site and lay the foundation of Zhoukoudian as one of the important research bases in the study of Paleoanthropology, Paleolithic archaeology and Quaternary geology.

Unfortunately, due to the out break of the Pacific war in 1941, those valuable human and animal fossils preserved by Americans at that time were lost mysteriously during Japanese invasion into China, which remains unsettled so far.

After the founding of the People's Republic of China, Locality 1 at Zhoukoudian had been excavated for several times intermittently from 1949 to 1979, with some new materials and new localities brought to light. Especially during the excavation of Locality 4 and the newly--found Tianyuan Cave in 1973 and 2003 respectively, important discoveries were made. In June 2009, a new round of excavation was launched at the western section of Locality 1 for salvage and protection purpose, and the on-going project will be lasted for several years.

After years of excavation, a variety of specimens and a huge number fossils were unearthed from Zhoukoudian Site, which were human fossils, animal fossils and cultural relics covering from the Pliocene and early Pleistocene, middle Pleistocene to the late Pleistocene.

The ancient human were living in Zhoukoudian site which benefited from the surrounding environment. According to the unearthed fossil specimens and palynology research, when Peking Man lived Zhoukoudian for a long time, there are abundant water, lush vegetation there and the climate was warm and humid. Under the research of the animal fossils and vegetation, it show that the palaeoclimate in the Zhoukoudian area, from the Plio Pleistocene changed, but the general trend is from hot and humid to dry and cold, the climate and environment should be better than Beijing today and very suitable in ancient human survival and reproduction, especially in the Pleistocene period climate is very pleasant, climate evolution with typical climate characteristics of East Asian monsoon zone. Late Middle Pleistocene, the climate reflected from Locality 15 and Locality 4 were lower and drier than which reflected from Peking Man period. In the period of Upper Cave Man, the climate and environment were the most suitable to human for being warm and wet.

Throughout the Middle Pleistocene, there were mountain and river around Zhoukoudian Site, comfortable and pleasant climate, lush vegetation and variety of animal fossils provided the rich resources to survival of ancient human. There are over 100 kinds animal fossils unearthed from Zhoukoudian Site, which offer the food source and also be the enemy to ancient human.

Because of the plenty of fossils unearthed from Zhoukoudian Site and paleoanthropology and paleontology localities, Zhoukoudian Site became one of the pilgrims for archaeologist.

Since the excavation began, numerous archaeologist went to Zhoukoudian Site, and established station here in 1929. On 21st September, 1953, the Exhibition Room of Sinanthropus opened at Zhoukoudian and extended the building to Peking Man Exhibition Hall in 1972.

In 2001, the displays were rearranged, based on the original exhibition.

The construction of the new museum of Zhoukoudian Site began in 2011.

On May 18th, 2014, the new Zhoukoudian Site Museum opened to the public, the area of museum is 8093 square metres and the shape is as a stone artifacts.

第 1 地点（猿人洞） Locality 1 (Ape Man Cave)

第 4 地点 Locality 4

第 26 地点（山顶洞） Locality 26 (The Upper Cave)

第 27 地点（田园洞） Locality 27 (Tianyuan Cave)

第 2 地点 Locality 2

第 3 地点 Locality 3

第 12 地点　Locality 12

第 14 地点　Locality 14

第 15 地点　Locality 15

顶盖堆积　Cap Deposit

人类化石

Human Fossils

周口店遗址以出土丰富的、代表人类发展不同阶段的人类化石著称于世，这里发现了出土不同时代人类化石的四处地点，即：第 1 地点（猿人洞）、第 4 地点（实为遗址，沿用旧称）、第 26 地点（山顶洞）、第 27 地点（田园洞），共发现人类化石有数可计的为 278 件，还有并无准确数字的“单个牙齿数十枚，脊椎骨数节”，因此粗加计算，实际出土古人类化石应该近 300 件。

在周口店遗址出土的人类化石中，最为著名的是距今 70 万 –20 万年的“北京人”化石，距今 4 万 –1 万年的山顶洞人化石。此外，第 4 地点和第 27 地点，也分别出土了距今 20 万 –10 万年和距今 4.2 万 –3.8 万年的古人类化石。

Zhoukoudian Site was well-known for an abundant human fossils, representing different stages of the development of mankind human, there are different human fossils from respective sites : Locality 1(Ape Man Cave), Locality 4, Locality 26(the Upper Cave), Locality 27(the Tianyuan Cave). There were about 300 pieces of human fossils unearthed from Zhoukoudian sites.

The most famous human fossils from Zhoukoudian Site are Peking Man fossils and the Upper Cave Man fossils. In addition, there were also human fossils discovered from Locality 4 and Locality 27.

“北京人”化石（第 1 地点）

“北京人”化石出土于周口店遗址第 1 地点（猿人洞）。自 1921 年以来，共发现完整或比较完整的“北京人”头盖骨 6 个，头骨残片 12 件，下颌骨 15 件，牙齿 157 颗，锁骨 1 件，上臂骨 3 件，腕骨 1 件，残破股骨 7 件，残破胫骨 1 件，他们代表 40 余个男女老幼个体，分布在洞内的第 3–11 层。

“北京人”在生物分类上属直立人，学名为 *Homo erectus pekinensis*。

“北京人”的头骨壁较厚，前额低平，有突出的眉脊和粗壮的枕脊，头顶正中有一条从前向后延伸的矢状脊。下颌骨粗大，多颏孔，缺乏颏突。牙齿粗壮。

Peking Man Fossils (Locality 1)

Since 1921, plenty of human fossils have been unearthed from the Peking Man Site, including 6 complete or nearly complete skull caps, 12 cranial fragments, 15 mandibles, 157 teeth, 1 clavicle, 3 upper arm bones, 1 wrist bone, 7 fragments of thighbone, 1 piece of broken shinbone. These fossils were buried in the deposits ranging from Layer 3 to Layer 11, representing about 40 individuals of different age and sex.

The taxonomic name of Peking Man is *Homo erectus Pekinensis*.

The skull wall of Peking Man is thick, with a low and flattened forehead. The brow ridges are heavily constructed like a transverse bar. The transverse occipital ridge on the back and the sagittal keeling on the top of the skull are especially characteristic of it. Mandibles are strikingly robust with multiple mental foramina and without mental protuberance at the chin region. The teeth of Peking Man are more robust than that of modern human.

骨骼名称	编号	标本	性别	年龄	出土层位[1]			个体编号	发现年份[2]
					Locus	Layer	Level		
头盖骨和头骨破片	Ⅰ	破碎的右（？）顶骨，左侧额骨破片	男	成年	B	4		B Ⅱ ？	1928 年
	Ⅱ	颅顶（两侧颞骨和枕骨缺失）	?	成年	D	8–9		D Ⅰ	1929 年
	Ⅲ	头盖骨	男	少年	E	11		E Ⅰ	1929 年
	Ⅳ	右顶骨破片	男	少年或青年	G	7		G Ⅱ	1931 年
	Ⅴ	头盖骨[3]	男	成年	H	3		H Ⅲ	1934 年、1934/1936 年、1966 年
	Ⅵ	额骨破片，左顶骨破片与小碎片，右颞骨破片	女	成年	I	8–9	22	I Ⅰ	1936 年
	Ⅶ	右顶骨乳突角	男	青年	I	8–9	22	I Ⅱ	1936 年
	Ⅷ	枕骨破片	女?	幼年	J	8–9	23	J Ⅰ	1936 年
	Ⅸ	额骨破片，4 小片不相连的头骨碎片	男	幼年	J	8–9		J Ⅳ	1936 年
	Ⅹ	头盖骨（右侧颞骨缺失）	男	成年	L	8–9	25	L Ⅰ	1936 年
	Ⅺ	头盖骨	女	成年	L	8–9	25	L Ⅱ	1936 年
	Ⅻ	头盖骨	男	成年	L	8–9	25	L Ⅲ	1936 年
	XIII	左上颌骨破片（附连 6 枚牙齿：I^2, P^1–M^3）	男	成年	O	10	29	O Ⅰ	1937 年
	XIV	左上颌骨破片（附连 4 枚牙齿：P^1,M^1–M^3）	男	成年	山顶洞			UC?	1933 年
单独的面骨	Ⅰ	左上颌骨额突	男	成年	L	8–9	25	属头骨Ⅹ	1936 年
	Ⅱ	左颧骨破片	男	成年	L	8–9	25	属头骨Ⅹ	1936 年
	Ⅲ	左上颌骨破片（附连 5 枚牙齿：P^1–M^3）	女	成年	L	8–9	25	属头骨Ⅺ	1936 年
	Ⅳ	可能是右侧的腭骨	女	成年	L	8–9	25	可能属头骨Ⅺ	1936 年
	Ⅴ	即头骨 XIII（见上）							
	Ⅵ	即头骨 XIV（见上）							

成年下颌骨	Ⅰ	右侧部	女	成年	A	5		A Ⅱ	1928 年
	Ⅱ	左髁突	男?	成年	B	4		B Ⅱ	1928/1935 年
	Ⅲ	左右侧破片 3 块	男	成年	G	7		G Ⅰ	1931 年
	Ⅳ	前部和右侧部	女	成年	H	3		H Ⅰ	1934 年
	Ⅴ	前部破片及其两侧相连部	女?	成年	H	3		H Ⅳ	1934/1935 年
	Ⅵ	左下颌体	男	成年	K	8–9	24	K Ⅰ	1936 年
	Ⅶ	左侧破片	男	成年	M	8–9	26	M Ⅰ	1937 年
	Ⅷ	左侧部	女	成年	M	8–9	26	M Ⅱ	1937 年
	Ⅸ	左右侧部	女	成年		10	27		1959 年
未成年下颌骨	Ⅰ	前部和右侧部	女	少年	B	4		B Ⅰ	1928 年
	Ⅱ	右侧破片	男	少年	B	4		B Ⅲ	1932/1935 年
	Ⅲ	右侧破片	女	幼年	B	4		B Ⅳ	1928/1935 年
	Ⅳ	前部和右侧部	男	少年	B	4		B Ⅴ	1928/1935 年
	Ⅴ	右下颌支破片	女	少年	C	8–9		C Ⅰ	1929 年
	Ⅵ	右侧破片	男	少年	F	11		F Ⅰ	1930 年
股骨	Ⅰ	左骨干上半段	男	成年	C	8–9		C Ⅲ	1929/1938 年
	Ⅱ	左骨干中部大小破片各一	女	成年	J	8–9	23	J Ⅱ	1936/1938 年
	Ⅲ	右骨干上段内侧部	男	成年	J	8–9	23	J Ⅲ	1936/1938 年
	Ⅳ	几乎完整的右骨干	男	成年	M	8–9	26	M Ⅳ	1937/1938 年
	Ⅴ	左骨干近端	男	成年	M	8–9	26	M Ⅳ	1937/1938 年
	Ⅵ	左骨干中部 2 破片	男	成年	M	8–9	26	M Ⅰ	1937/1938 年
	Ⅶ	左骨干上段外侧部	男	成年	M	8–9	26	M Ⅲ	1937/1938 年
胫骨	Ⅰ	左骨干稍下一小段 [4]		成年					1951 年
肱骨	Ⅰ	左骨干远端破片	男	成年	B	4		B Ⅱ	1928/1935 年
	Ⅱ	左骨干	男	成年	J	8–9		J Ⅲ	1936/1938 年
	Ⅲ	右骨干中部一小段 [4]	男	成年					1951 年
锁骨	Ⅰ	左锁骨干	男	成年	G	7		G Ⅱ	1931 年
月骨	Ⅰ	右侧月骨	男?	成年	B	4		B Ⅱ	1928 年
牙齿		2 个：左 P_1、右 M^3							1921 年、1923 年
		1 个：右 P_2							1921 年、1923/1953 年
		5 个：左 I^1、M_1、M_2、P^1、P^2							1949 年、1951 年、1951/1953 年
	1–147	各类牙齿 147 枚：据魏敦瑞统计，其中单个牙齿有 64 枚，其余连于上下颌骨。上恒齿 52 枚，下恒齿 82 枚，乳齿仅有下颌齿 13 枚。全部牙齿代表 32 个个体，男女各半。							1927–1937 年
		1 个：左 P_1（附连于下颌骨）							1959 年
		1 个：右 P_1							1966 年

[1] Locus——第 1 地点内“北京人”化石出土地，依英文字母顺序排列。Layer——层（自然层）。Level——水平层（每一水平层为 1 米厚）。

[2] 表中有斜线者，斜线前年份为标本发掘时间，斜线后年份为标本在修理过程中被辨认出的时间。

[3] 本头盖骨包括：1934 年发现的左颞骨及其相连部，1934 年发掘出土，1936 年辨认出的右颞骨破片；1966 年发现的几乎完整的额骨，右半枕鳞及其相连的部分顶骨。

[4] 该标本系清理抗战前“北京人”化石产地碎骨时发现，层位不明。

[5] 该表依据张森水《周口店遗址志》，有个别字改动。

001

“北京人”II 号头盖骨（模型）

The skull No.II of Peking Man (cast)
(*Homo erectus pekinensis*)

出土于周口店第 1 地点，距今 70 万 –20 万年。

长 190 毫米，宽 138 毫米，高 105 毫米。

颅顶两侧颞骨和枕骨缺失，头骨低平，属于成年，脑量为 1030 毫升。由于头骨相当不完整，无法判断性别。

002

“北京人” III 号头盖骨（模型）

The skull No.III of Peking Man (cast)
(*Homo erectus pekinensis*)

出土于周口店第 1 地点，距今 70 万 -20 万年。

长 190 毫米，宽 130 毫米，高 110 毫米。

头骨低平，前额较扁而后倾。此头骨属于一个八九岁的儿童，估计脑量为 915 毫升。

003

“北京人”X 号头盖骨（模型）

The skull No.X of Peking Man (cast)
(*Homo erectus pekinensis*)

出土于周口店第 1 地点，距今 70 万 -20 万年。
长 192 毫米，宽 145 毫米，高 110 毫米。
头盖骨颞骨缺失，为成年男性，脑量为 1225 毫升。

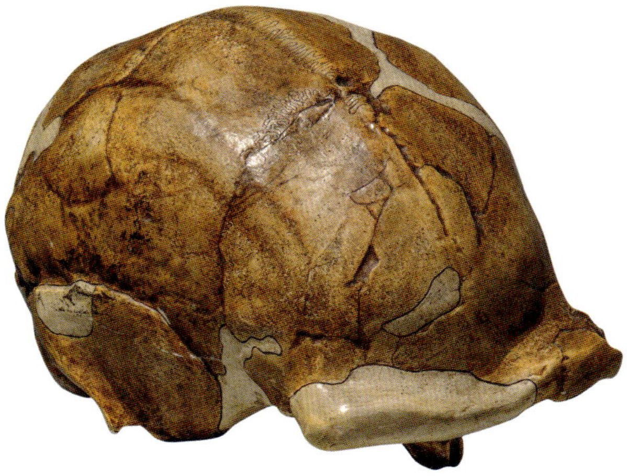

004

“北京人”XI 号头骨（模型）

The skull No.XI of Peking Man (cast)
(*Homo erectus pekinensis*)

出土于周口店第 1 地点，距今 70 万 -20 万年。
长 194 毫米，宽 147 毫米，高 110 毫米。
属于成年女性，脑量为 1015 毫升。

005

“北京人”XII 号头盖骨（模型）

The skull No.XII of Peking Man (cast)
(*Homo erectus pekinensis*)

出土于周口店第 1 地点，距今 70 万 -20 万年。
长 200 毫米，宽 150 毫米，高 110 毫米。
为成年男性，脑量为 1030 毫升。

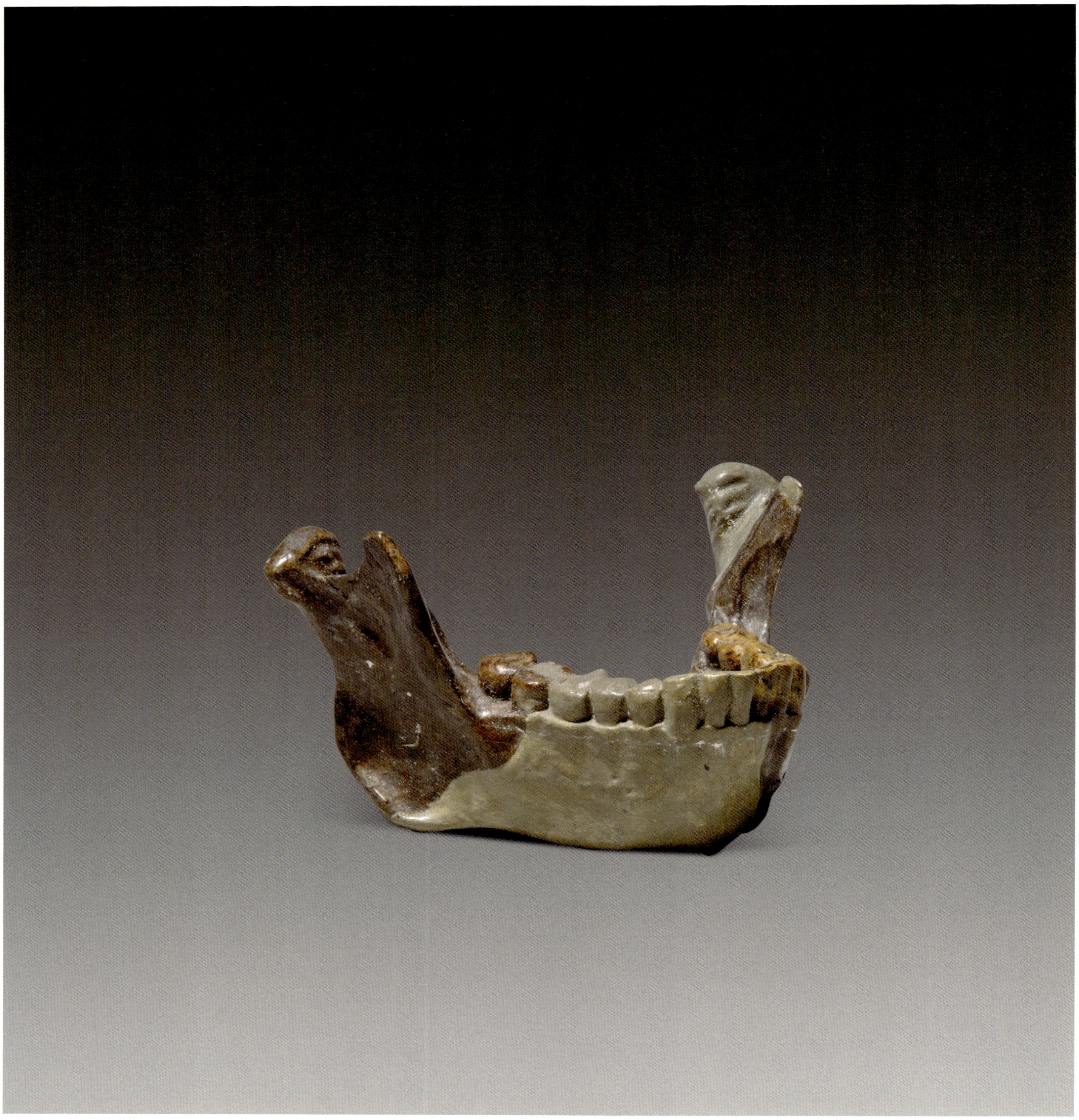

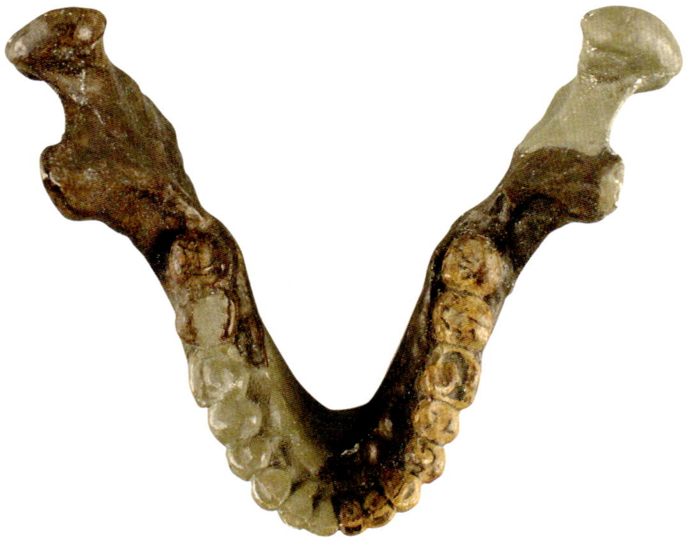

006

“北京人”下颌骨（模型）

Mandible of Peking Man (cast)
(*Homo erectus pekinensis*)

出土于周口店第 1 地点，距今 70 万 –20 万年。

长 114 毫米，宽 112 毫米，高 76 毫米。

下颌骨保存三分之二并附有 10 枚牙齿，其中右侧一枚臼齿中间缺失一块。

007

“北京人”下颌骨（模型）

Mandible of Peking Man (cast)
(*Homo erectus pekinensis*)

出土于周口店第1地点，距今70万-20万年。
长108毫米，宽97毫米，高70毫米。
下颌骨只保存了右侧二分之一的部分，并附有一枚牙齿。

008

“北京人”锁骨（模型）

Collarbone of Peking Man (cast)
(*Homo erectus pekinensis*)

出土于周口店第 1 地点，距今 70 万 –20 万年。

长 98 毫米，宽 18 毫米。

009

“北京人”肢骨（模型）

Limb bone of Peking Man (cast)
(*Homo erectus pekinensis*)

出土于周口店第 1 地点，距今 70 万 –20 万年。

长 77 毫米，宽 23 毫米。

为骨片。

010

“北京人”胫骨（模型）

Tibia of Peking Man (cast)
(*Homo erectus pekinensis*)

出土于周口店第 1 地点，距今 70 万 -20 万年。

长 120 毫米，上直径 32 毫米，下直径 26 毫米。

011

“北京人”肱骨（模型）

Humerus of Peking Man (cast)
(*Homo erectus pekinensis*)

出土于周口店第 1 地点，距今 70 万 -20 万年。

长 58 毫米，上直径 24 毫米，下直径 23 毫米。

012

“北京人”肱骨（模型）

Humerus of Peking Man (cast)
(*Homo erectus pekinensis*)

出土于周口店第1地点，距今70万-20万年。
长160毫米，宽26毫米。
为一段肱骨骨片。

013

“北京人”股骨（模型）

Femur of Peking Man (cast)
(*Homo erectus pekinensis*)

出土于周口店第 1 地点，距今 70 万 -20 万年。
长 127 毫米，直径 31 毫米。

014

“北京人”股骨（模型）

Femur of Peking Man (cast)
(*Homo erectus pekinensis*)

出土于周口店第 1 地点，距今 70 万 -20 万年。
长 202 毫米，宽 47 毫米，下直径 29 毫米。

015

“北京人”股骨（模型）

Femur of Peking Man (cast)
(*Homo erectus pekinensis*)

出土于周口店第 1 地点，距今 70 万 −20 万年。

长 305 毫米，上直径 36 毫米，下直径 37 毫米。

此股骨几乎保存了骨干的全部，上端腿骨头及粗隆都遗失，径的下缘仍然保留，标本石化程度很强。

山顶洞人化石（第26地点）

山顶洞人化石包括完整和基本完整的头骨3件，残头骨2件，下颌骨4件，单个牙齿数10枚，脊椎骨数件，股骨6件，肩胛骨3件，髌骨3件，跗骨6件和荐椎2件，还有桡骨1件。这些化石标本属于至少8个个体。

在山顶洞人化石丢失以前，已做模型的有19件标本，包括101号头骨和下颌骨各1件，102号头骨和下颌骨各1件，103号头骨和下颌骨各1件，右上颌骨1件，残下颌骨1件，单个牙齿6枚，残桡骨（上部）1件，右股骨上部（残）2件，髌骨和左第一跖骨各1件。

山顶洞人属晚期智人，其体质特征基本与现代人相似，如头骨的最宽处在顶结节附近，牙齿较小，下颏突出，脑量已达1300–1500毫升。

Upper Cave Man Fossils (Locality 26)

Three complete skulls and other human fossils from at least 8 late *Homo sapiens* individuals were unearthed from the Upper Cave, which include skulls, mandibles, some teeth, limb bones, and other fossils.

The Upper Cave Man belongs to late *homo sapiens*. Their physical characteristics are similar to those of the modern human beings. They have the max width of the skull near the top nodules, smaller teeth, and prominent chin bone. Their brain capacity had reached 1,300 to 1,500 ml.

016

山顶洞人头骨（模型）

Skull of Upper Cave Man (cast)
(*Homo sapiens sapiens*)

出土于周口店山顶洞，距今 4 万 -1 万年。

长 210 毫米，宽 144 毫米，高 170 毫米。

头骨保存的最好，下颌骨也保存得很整齐，满口的牙齿无一脱落。

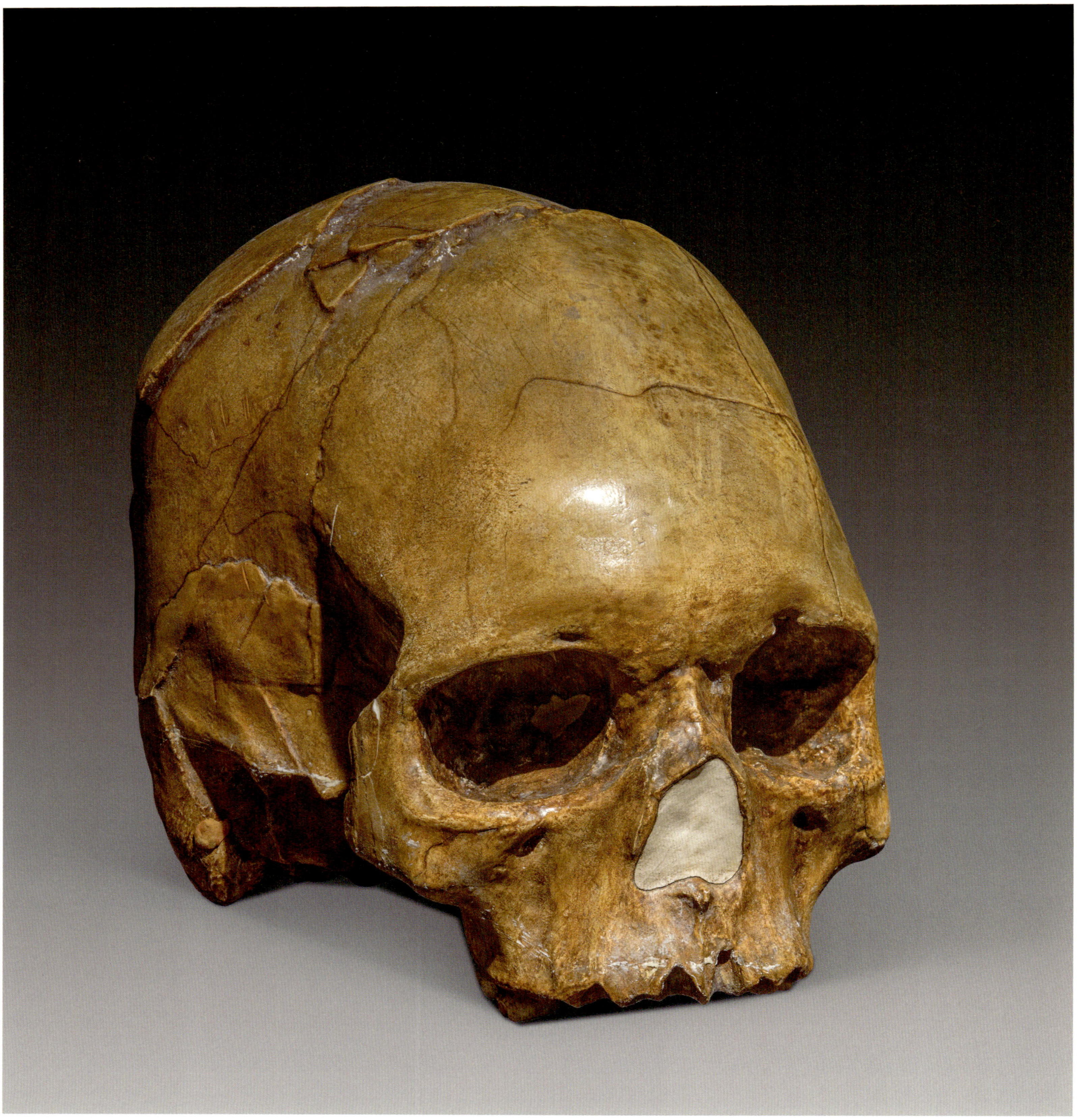

017

山顶洞人头骨（模型）

Skull of Upper Cave Man (cast)
(*Homo sapiens sapiens*)

出土于周口店山顶洞，距今 4 万 -1 万年。

长 223 毫米，宽 139 毫米，高 148.5 毫米。

头骨保存较整齐，左右的顶骨和枕骨都已破碎，尤以顶骨为重。

018

山顶洞人头骨（模型）

Skull of Upper Cave Man (cast)
(*Homo sapiens sapiens*)

出土于周口店山顶洞，距今 4 万 -1 万年。
长 206 毫米，宽 129.6 毫米，高 148 毫米。
头骨破碎，为女性。

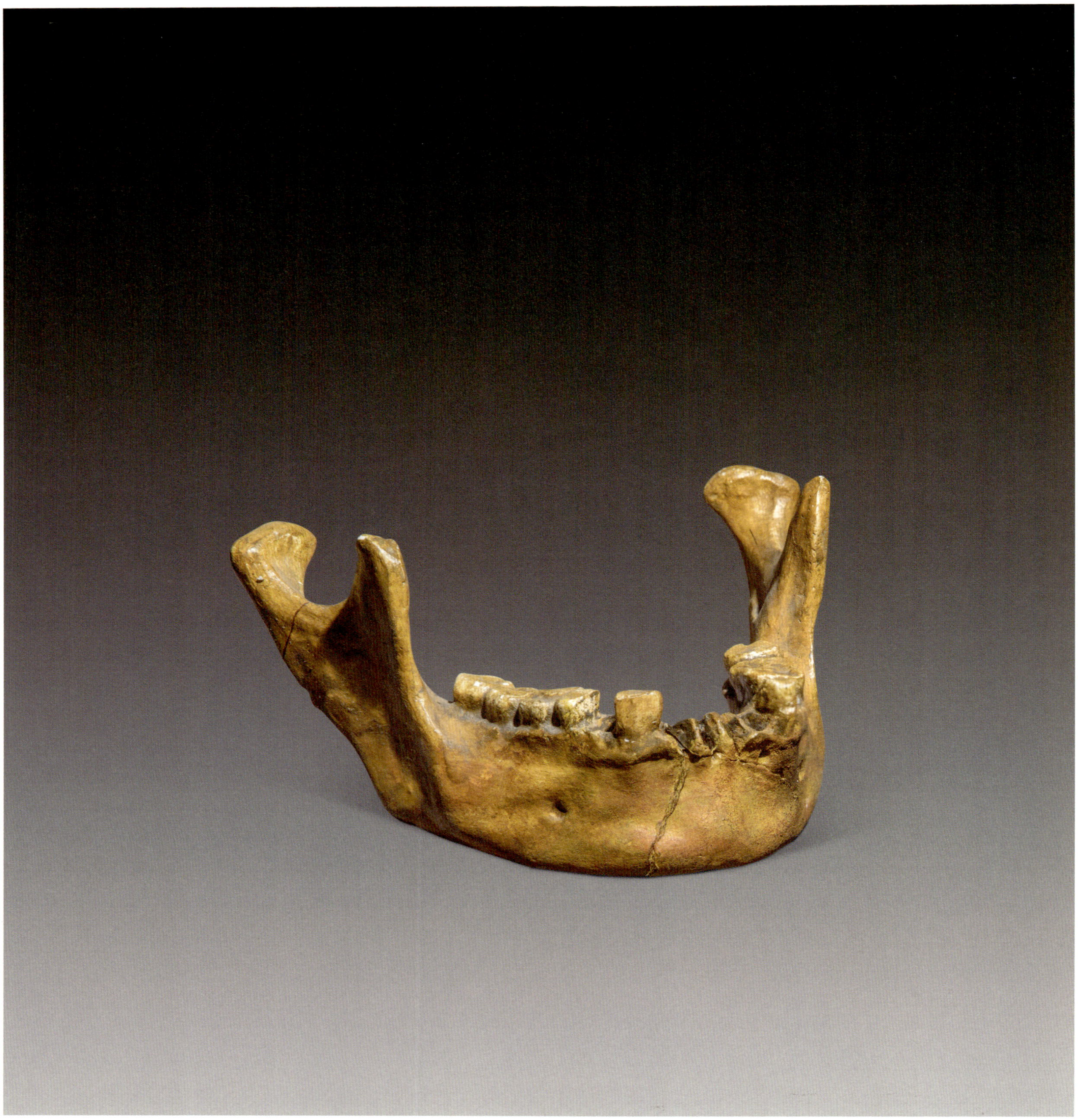

019

山顶洞人下颌骨（模型）

Mandible of Upper Cave Man (cast)
(*Homo sapiens sapiens*)

出土于周口店山顶洞，距今 4 万 -1 万年。
长 110 毫米，宽 121.7 毫米，高 61.5 毫米。
下颌体保存完整，并附有 9 枚牙齿，为女性。

早期智人化石（第 4 地点）

1973 年，在第 4 地点发掘中得到了一枚古人类牙齿化石，地质年代距今 20 万 -10 万年，属早期智人阶段，介于“北京人”和山顶洞人之间。

Homo sapiens Fossil (Locality 4)

In 1973, one human tooth unearthed from Locality 4, the geological age of the site is late Middle Pleistocene, right in the middle of Peking Man site and the Upper Cave.

020

早期智人牙齿（模型）

Upper left P^3 of Archaic *Homo sapiens* (cast)
(Archaic *Homo sapiens*)

发现于周口店第 4 地点，距今 20 万 -10 万年。
长 19 毫米。
为早期智人左上第三前臼齿。

田园洞人化石（第 27 地点）

田园洞是周口店遗址的第 27 地点，该地点在遗址核心区西南约 6 千米处，发现于 2001 年。2003-2004 年，中国科学院古脊椎动物与古人类研究所专家进行了发掘。迄今为止出土已鉴定的田园洞人化石 34 件，年代距今 4.2 万 -3.85 万年。

Tianyuan Cave Man Fossils (Locality 27)

Locality 27 is also called the Tianyuan Cave, located about 6 km southwest of the Peking Man site. The site was discovered in 2001 and excavated from 2003 to 2004. A total of 34 pieces of human fossils were unearthed. The geological age is late Pleistocene, dating back 42,000-38,500 years ago.

021

田园洞人下颌骨

Mandible of modern human from Tianyuan Cave
(*Homo sapiens sapiens*)

发现于周口店第 27 地点（田园洞），距今 4.2 万 −3.85 万年。最长处 110 毫米，下颌最高 81 毫米。

022

田园洞人肱骨

Humerus of modern human from Tianyuan Cave
(*Homo sapiens sapiens*)

发现于周口店第 27 地点（田园洞），距今 4.2 万 −3.85 万年。
长 306 毫米，宽 57 毫米，厚 36.6 毫米。

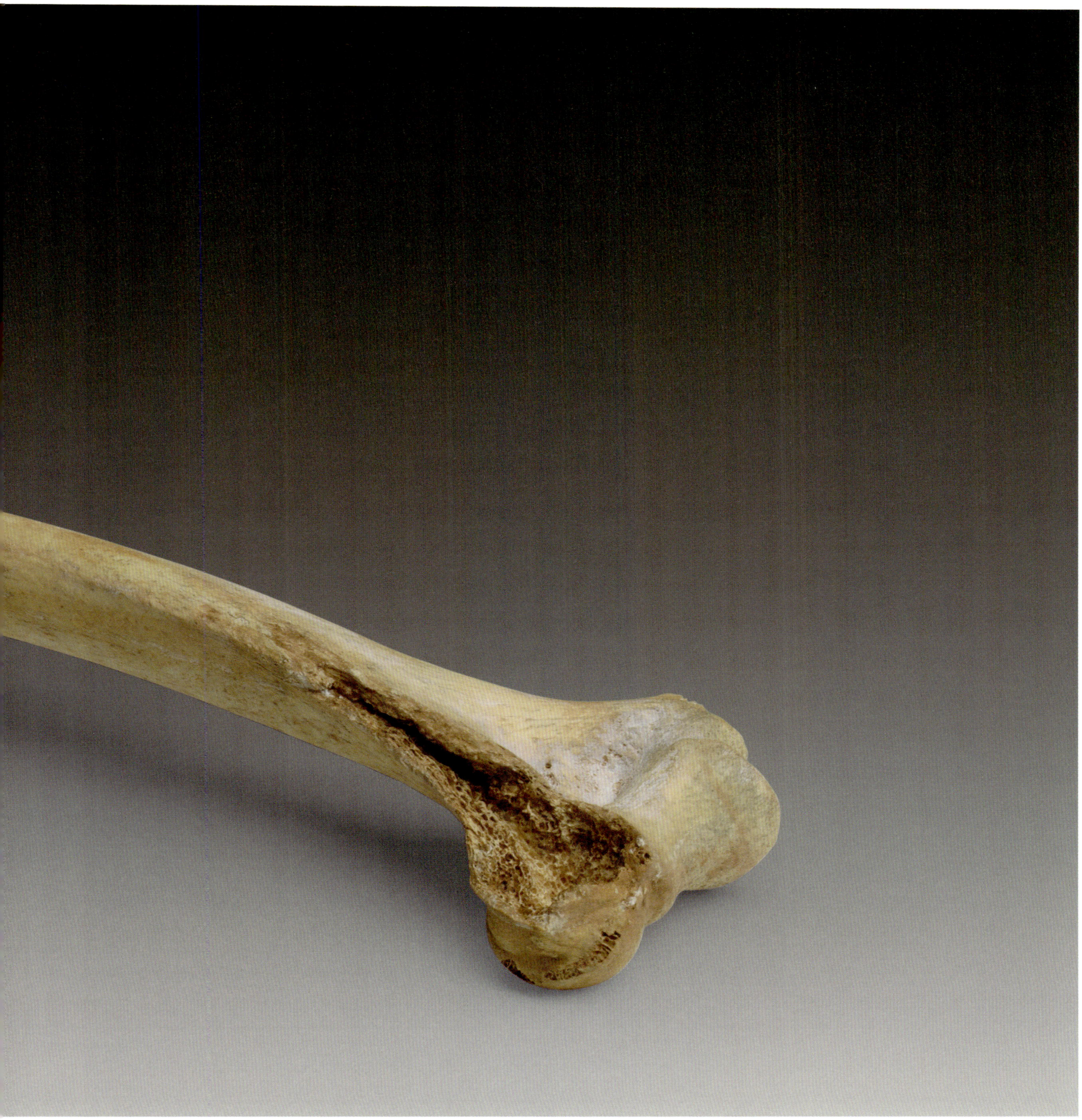

023

田园洞人股骨

Femur of modern human from Tianyuan Cave
(*Homo sapiens sapiens*)

发现于周口店第 27 地点（田园洞），距今 4.2 万 –3.85 万年。长 335 毫米，宽 66.58 毫米，厚 28.62 毫米。

石制品

Stone Artifacts

碰砧法

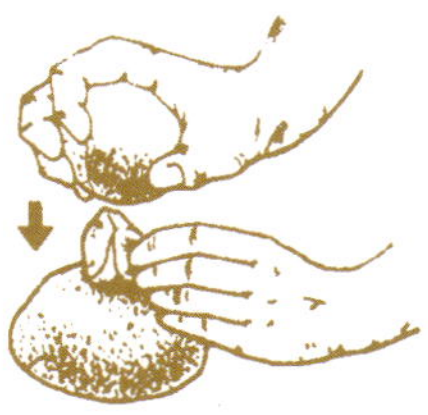

砸击法

锤击法

石制品是研究远古人类文化的最主要依据，从中可了解其生产技术、石器的功能、文化的主要特点、发展趋势及其在中国旧石器文化中的地位。石制品是研究当时人类工具生产技术及其达到的技术水平的主要依据，通过石制品类型和技术的分析，可为其生活提供间接的证据，也是探讨文化关系的重要文物。

周口店遗址群 27 处化石地点共计出土石制品近十万件，因此将石器从文化遗物中单列出来进行介绍。周口店遗址群中共有第 1 地点（猿人洞）、第 4 地点、第 13 地点、第 15 地点、第 22 地点和第 26 地点（山顶洞）6 处地点出土文化遗物。

Stone tools are the most important evidences of researching ancient human culture, from which we could understand the production technology, the function of stone artifacts, the characteristics of the culture, the cultural development trend and the status in the Paleolithic in China. Stone artifacts is the main research basis of ancient human tools production technology and the technical level, the analysis of the types of stone products and technology can provide indirect evidence for the human behavior at that time, also can help us to explore the cultural relations.

Nearly 100,000 pieces of stone artifacts unearthed from Zhoukoudian Sites. Six localities unearthed stone artifacts, they are Locality 1(Ape Man Cave), Locality 4, Locality 13, Locality 15, Locality 22 and Locality 26 (the Upper Cave).

第 1 地点（猿人洞）

周口店遗址第 1 地点，即“北京人”遗址，共计出土石制品数万件，这些标本绝大多数是石英制品，有一个或多个裂面。

经初步鉴定，这些石制品的原料有 44 种。最常用的原料是石英，占总数的 80% 以上；其次是水晶，占 4% 左右；砂岩居第三位，占 2.6%；燧石占 2.43%；其他原料比较少，有研究过的其他原料打制而成的石器约 40 件。虽然石器原料多样，但基本石料为 4 种：石英、水晶、砂岩和燧石。

“北京人”打制石器的方法以砸击法作为主要技术手段，而锤击技术则成为辅助手段，此外，有少量石制品使用了碰砧法。

周口店遗址出土的石器类型多样。第一类石器是生产石制品的工具，包括石锤和石砧。

第二类石器是指那些把毛坯加工成一定形状，主要用于加工生活资料的石器，包括石核、砾石、小石块、砸击石片、锤击石片和断片。

依据《周口店遗址志》，在第 1 地点石器系统研究中，石器分类采取三级分类法：宽刃类、尖刃类和无刃类。

宽刃类分为刮削器和砍砸器；尖刃类包括尖刃器、雕刻器和石锥；无刃器指球形器。

Locality 1 (Ape Man Cave)

A large quantity of stone artifacts, including stone tools, cores and flakes as well as raw materials, were unearthed from Locality 1. Stone tools were chiefly made of vein quartz, sandstone, flint and rock crystal. Peking Man's tools mainly are stone artifacts, including scrapers, points, choppers, burins and awls, etc. The raw materials were mainly collected from the river-bed and the hills nearby.

Peking Man was able to use different techniques to make tools. There are three methods, including bipolar flaking, hammer percussion and block-on-block technique. There are two basic characteristics of Peking Man's culture, one is that the main flake-producing technique is the bipolar flaking, the other one is the presence of many small flake tools trimmed on the dorsal surface.

024

石锤

Hammer stone

出土于周口店第 1 地点，距今 70 万 –20 万年。

长 107 毫米，宽 78 毫米，厚 35 毫米。

扁平砾石，上下面各有两个砸击的凹坑，一端是当石锤用产生的片疤。

025

石砧

Stone anvil

出土于周口店第 1 地点，距今 70 万 -20 万年。
长 147 毫米，宽 113 毫米，厚 67 毫米。
扁平砾石，一面有一个凹坑，是砸击留下的痕迹。

026

石砧

Stone anvil

出土于周口店第 1 地点，距今 70 万 –20 万年。

长 172 毫米，宽 99 毫米，厚 50 毫米。

扁平砾石，上下面各有一个凹坑。

027

石砧

Stone anvil

出土于周口店第 1 地点，距今 70 万 –20 万年。

长 120 毫米，宽 97 毫米，厚 50.18 毫米。

扁平砾石，底面中心有一个凹坑，砾石的一端有做石锤用时产生的片疤。

028

石砧

Stone anvil

出土于周口店第 1 地点，距今 70 万 –20 万年。

长 170 毫米，宽 113 毫米，厚 43.78 毫米。

不完整的扁平砾石，一面有一凹坑，另一面有两个凹坑，一端有被砸击留下的片疤，一侧有被打击产生的缺口。

029

锤击石核

Direct hammering core

出土于周口店第 1 地点，距今 70 万 –20 万年。

长 65 毫米，宽 60 毫米，厚 35 毫米。

石英岩，褐色。

030

锤击石核

Direct hammering core

出土于周口店第 1 地点，距今 70 万 –20 万年。

长 145 毫米，宽 102 毫米，厚 91 毫米。

石英岩，标本上分别有两个相邻的台面，留下七个以上的石片疤。

031

砸击石核

Bipolar core

出土于周口店第1地点，距今70万-20万年。

长85毫米，宽63毫米，厚50毫米。

白色脉石英，枣核状砸击石核，遍体布满石片疤。

032

砸击石核

Bipolar core

出土于周口店第1地点，距今70万-20万年。

长80毫米，宽50毫米，厚40毫米。

白色脉石英，枣核状砸击石核，遍体布满石片疤。

033

砸击石核

Bipolar core

出土于周口店第 1 地点，距今 70 万 -20 万年。

长 65 毫米，宽 55 毫米，厚 59 毫米。

白色脉石英，表面布满石片疤，由两个互相垂直的方向砸击。

034

砸击石核

Bipolar core

出土于周口店第 1 地点，距今 70 万 -20 万年。

长 45 毫米，宽 26 毫米，厚 10 毫米。

白色脉石英石片，背面呈弓形。

035

砸击石核

Bipolar core

出土于周口店第1地点，距今70万–20万年。

长36毫米，宽31毫米，厚20毫米。

白色脉石英，毛坯是两极石核，一端加工成端刃。

036

锤击石片

Direct hammering flake

出土于周口店第1地点，距今70万–20万年。

长32毫米，宽30毫米，厚10毫米。

白色脉石英小石片，带石皮，保存完整。

037

锤击石片

Direct hammering flake

出土于周口店第 1 地点，距今 70 万 –20 万年。

长 55 毫米，宽 33 毫米，厚 15 毫米。

脉石英石片，在石片的右侧由腹面向背面打出一个小凹缺。

038

锤击石片

Direct hammering flake

出土于周口店第 1 地点，距今 70 万 –20 万年。

长 45 毫米，宽 25 毫米，厚 10 毫米。

脉石英石片，形态完整，台面上有一个片疤。

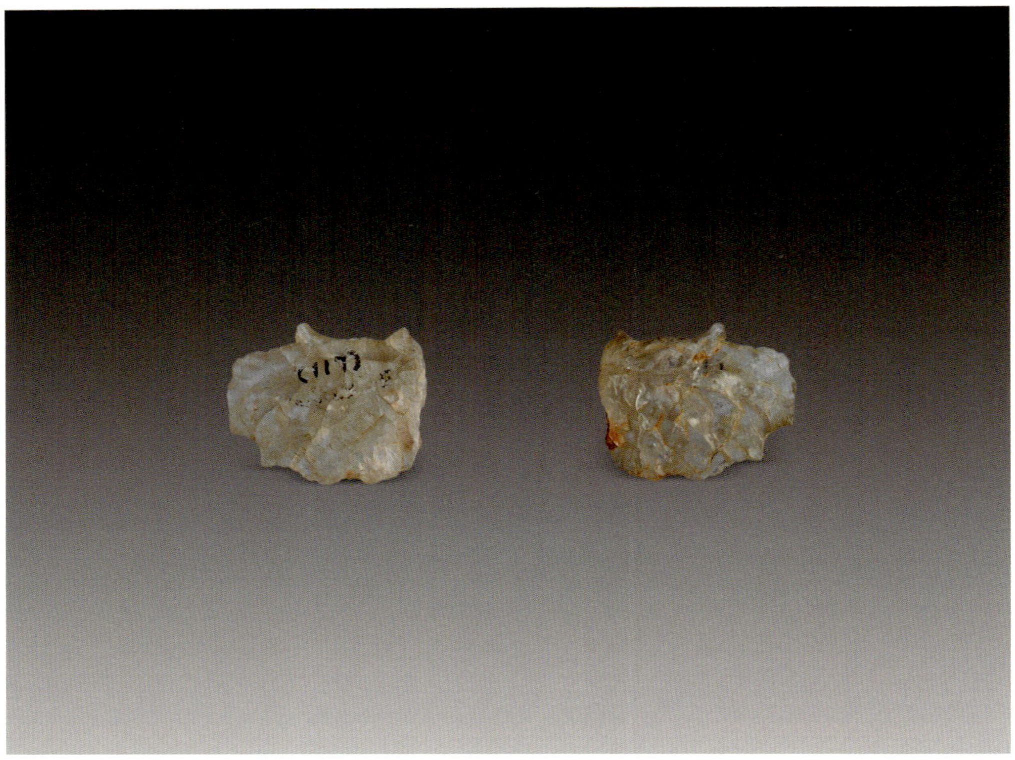

039

锤击石片

Direct hammering flake

出土于周口店第 1 地点，距今 70 万 -20 万年。

长 26 毫米，宽 20 毫米，厚 8 毫米。

水晶石片，两边修理成鸟喙各一个。

040

锤击石片

Direct hammering flake

出土于周口店第 1 地点，距今 70 万 -20 万年。

长 36 毫米，宽 35 毫米，厚 10 毫米。

脉石英石片，轮廓呈三角形，台面有三个平行的片疤。

041

砸击石片

Bipolar flake

出土于周口店第 1 地点，距今 70 万 -20 万年。

长 42 毫米，宽 25 毫米，厚 0.4 毫米。

系一件完整的由白色脉石英制作的两极石片，薄而长。

042

砸击石片

Bipolar flake

出土于周口店第 1 地点，距今 70 万 -20 万年。

长 46 毫米，宽 26 毫米，厚 0.5 毫米。

白色脉石英石片，以石片做毛坯，近端修理成端刃。

043

砸击石片

Bipolar flake

出土于周口店第 1 地点，距今 70 万 -20 万年。

长 47 毫米，宽 31 毫米，厚 10 毫米。

白色脉石英石片，横断面呈三角形，脊背有中脊。

044

砸击石片

Bipolar flake

出土于周口店第 1 地点，距今 70 万 -20 万年。

长 32 毫米，宽 15 毫米，厚 0.6 毫米。

白色脉石英石片，砸击而成。

045

砸击石片

Bipolar flake

出土于周口店第 1 地点，距今 70 万 -20 万年。

长 28 毫米，宽 16 毫米，厚 0.4 毫米。

白色脉石英，上下面各有一个凹坑。

046

砸击石片

Bipolar flake

出土于周口店第 1 地点，距今 70 万 -20 万年。

长 30 毫米，宽 11 毫米，厚 0.9 毫米。

白色脉石英制作的两极石片。

047

砸击石片

Bipolar flake

出土于周口店第 1 地点，距今 70 万 -20 万年。

长 23 毫米，宽 13 毫米，厚 0.3 毫米。

白色脉石英制作的两极石片，一端厚而尖，另一端较薄。

048

刮削器

Scraper

出土于周口店第 1 地点，距今 70 万 -20 万年。

长 130 毫米，宽 65 毫米，厚 30 毫米。

变质岩石片，为毛坯，灰绿色，一侧加工。

049

砍砸器

Chopper

出土于周口店第 1 地点，距今 70 万 –20 万年。

长 178 毫米，宽 89 毫米，厚 33 毫米。

毛坯是石片，在石片的左侧从腹面向背面打击两个凹缺。

050

砍砸器

Chopper

出土于周口店第 1 地点，距今 70 万 –20 万年。

长 94 毫米，宽 78 毫米，厚 53 毫米。

由砾石的腹面向背面打击，产生一个弧状的带一些缺口的刃部。

051

砍砸器

Chopper

出土于周口店第 1 地点，距今 70 万 -20 万年。

长 109 毫米，宽 95 毫米，厚 33 毫米。

褐色砂岩，扁平砾石，由腹面向背面加工。

052

砍砸器

Chopper

出土于周口店第 1 地点，距今 70 万 -20 万年。
长 105 毫米，宽 70 毫米，厚 38 毫米。
砂岩石片，是以石片为毛坯，由腹面向脊面加工。

053

雕刻器

Graver

出土于周口店第 1 地点，距今 70 万 -20 万年。
长 45 毫米，宽 27.5 毫米，厚 9.89 毫米。
雕刻器，以脉石英石片做毛坯打制而成。

第 26 地点（山顶洞）

山顶洞出土的石制品很少，在被发掘的堆积中共计出土了人工痕迹清楚的石制品 25 件。

山顶洞人生产石制品的原料有石英、燧石和砂岩。生产石片的技术为锤击法和砸击法，锤击产品稍多于砸击产品。石制品的性质和原料都可以在第 1 地点和第 15 地点的石制品中找到对比的标本，这显示出山顶洞人在生产石制品方面有明显的继承性，在锤击技术使用方面进了一大步。

Locality 26 (The Upper Cave)

There are few of stone artifacts unearthed from the Upper Cave, the number of these stone artifacts is only 25.

The Upper Cave Man used raw materials such as quartz, flint and sandstone to produce stone artifacts, the production technology of stone tools is hammer beating and smashing hit, and hammering products are slightly more than the smashing hit products. The Upper Cave Man in the production of stone artifacts have obvious inheritance, in the hammer strike technology they got a great step forward.

054

石片

Flake

出土于周口店山顶洞遗址，距今 4 万 -1 万年。
长 37 毫米，宽 25 毫米，厚 7.78 毫米。
白色脉石英制作的两极石片，薄、平、宽。

第 13 地点

该地点发现了一些石制品和丰富的用火遗迹——灰烬和少量烧骨，是周口店地区发现的最早人类遗迹。

Locality 13

There are some stone artifacts and relics with abundant ashes and a small amount of burned bone found at the Locality 13, which is the earliest human remains found in Zhoukoudian Site.

055

石核

Core

出土于周口店遗址第 13 地点。
长 75 毫米，宽 60 毫米，厚 40 毫米。
用燧石结核做毛坯，用两面交互打击法加工而成。

第 15 地点

Locality 15

周口店遗址第 15 地点出土了大量的石制品。目前已经研究的石制品 6866 件，其中可分类的标本共计 1946 件，占研究标本的 28.43%。

石制品的原料比较简单，基本原料是石英，占 95.16%；其次为火成岩、水晶、燧石。生产石片的主要方法是锤击法，偶尔也使用砸击法。石器类型多样，其中包括刮削器、砍砸器、尖刃器、石锥和雕刻器。

A large number of stone artifacts unearthed from Locality 15. At present the count of having stydied are 6866 pieces of stone artifacts.

Stone artifacts of raw materials is relatively simple, basic materials are quartz, accounting for 95.16%, followed by igneous rocks, quartz, flint. The stone artifacts are in various types, including scrapers, choppers, sharp blade, stone cone and carver.

056

石锤

Hammer stone

出土于周口店第 15 地点，距今 20 万 −10 万年。长 154.1 毫米，宽 55.1 毫米，厚 31.4 毫米。材质为砂岩，为截端的砾石。现存于中国科学院古脊椎动物与古人类研究所。

057

石核

Core

出土于周口店第 15 地点，距今 20 万 −10 万年。长 62.1 毫米，宽 54.3 毫米，厚 40.2 毫米。材质为燧石，多面体。现存于中国科学院古脊椎动物与古人类研究所。

058

砍砸器（模型）

Choppers (cast)

出土于周口店第 15 地点，距今 20 万 -10 万年。

左：长 155 毫米，宽 175 毫米，厚 40 毫米；中：长 213 毫米，宽 112 毫米，厚 10 毫米；右：长 135 毫米，宽 75 毫米，厚 20 毫米。

三件砍砸器，均由砂岩打制而成。

059

砍砸器

Chopper

出土于周口店第 15 地点，距今 20 万 -10 万年。长 139 毫米，宽 63.8 毫米，厚 39.8 毫米。砂岩大砍砸器一件。现存于中国科学院古脊椎动物与古人类研究所。

060

砍砸器

Chopper

出土于周口店第 15 地点，距今 20 万 -10 万年。长 141.2 毫米，宽 100.2 毫米，厚 44.5 毫米。砂岩石器，为尖状砍砸器。现存于中国科学院古脊椎动物与古人类研究所。

061

刮削器

Scrapers

出土于周口店第 15 地点，距今 20 万 -10 万年。长 39.8 毫米，宽 21 毫米，厚 15.2 毫米。脉石英石器，用小石英做的刮削器。现存于中国科学院古脊椎动物与古人类研究所。

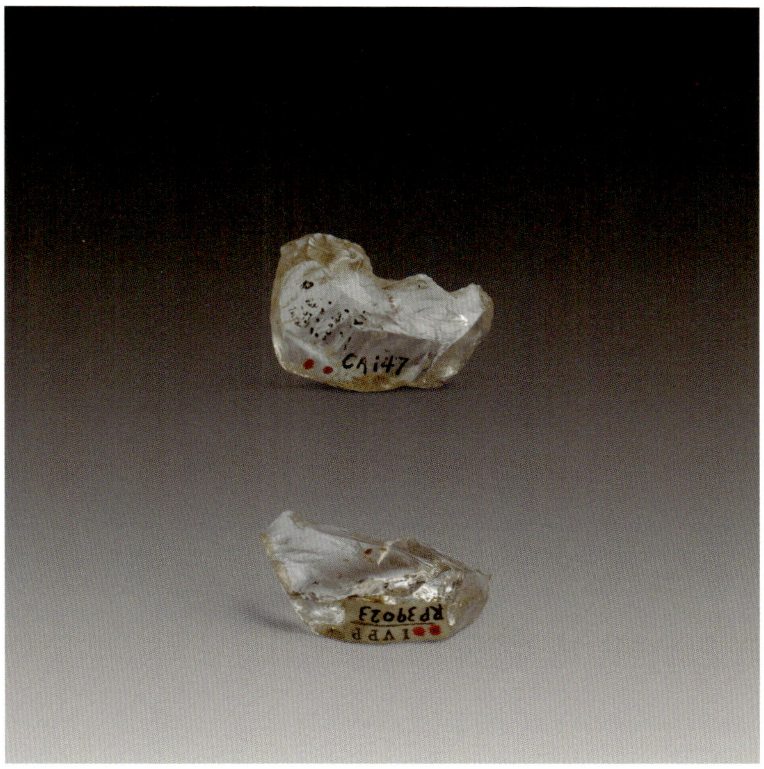

062

尖状器

Point

出土于周口店第 15 地点，距今 20 万 -10 万年。长 36.8 毫米，宽 27.5 毫米，厚 15.1 毫米。脉石英尖状器，用石片加工而成。现存于中国科学院古脊椎动物与古人类研究所。

063

细石器

Microlith

出土于周口店第 15 地点，距今 20 万 -10 万年。长 26.5 毫米，宽 17 毫米，厚 0.92 毫米。水晶制作而成的细小石器。现存于中国科学院古脊椎动物与古人类研究所。

064

雕刻器

Graver

出土于周口店第 15 地点，距今 20 万 -10 万年。长 25.9 毫米，宽 22.8 毫米，厚 9.1 毫米。脉石英石器，暂定为雕刻器。现存于中国科学院古脊椎动物与古人类研究所。

其他文化遗物

Other Cultural Relics

周口店遗址出土的文化遗物，主要包含用火遗迹、骨、角器，山顶洞遗址出土的装饰品、骨针等。

Other cultural relics unearthed from Zhoukoudian Site mainly contains the evidence of using-fire, bone artifacts, horn artifacts, and some cultural relics discovered from the Upper Cave.

第 1 地点（猿人洞）

经过多年发掘，周口店第 1 地点积累了丰富的文化遗物，目前已确认的火堆遗存 3 处，有无法计数的灰烬，少量的木炭，大量的烧骨和烧过的朴树籽，还有少量的烧石和个别被烧灼过的石器。

烧骨数量很多，约数万件，多数是哺乳动物的肢骨。烧骨的颜色很丰富，黑、蓝、白、灰、棕黑色和灰绿色，不同颜色反映燃烧程度的不同。

烧石多为砂岩砾石，表面布满龟裂纹，有些可见斑驳的痕迹，少许石灰岩块被烧后成有“核”的石灰，也有被烧成石灰的。这些烧石很可能是控制火堆的材料。

Locality 1 (Ape Man Cave)

After years of excavations, abundant cultural relics were discovered from Locality 1, which included three fire-using remains being confirmed, a lot of ashes of fire-using, some charcoal, plenty of burned bones and burned hackberry seeds, a few of burned stone and little burned stone artifacts.

The number of burned bones are about ten thousands and most of them are mammalian limb bones. The burned bones are colorful, such as black, blue, white, gray, black brown and gray green, different colors reflect the different degrees of combustion.

Most of burned stones are sandstone which are refered to control the fire.

065

朴树籽

Hackberry seeds

出土于周口店第 1 地点，距今 70 万 -20 万年。

朴树籽约 290 粒，直径多为 2–3 毫米，重 26.7 克。

被烧过的朴树籽原新鲜树籽的外皮已不见，硬壳和果肉被烧成白色，但仍然可看出朴树籽为球形。经火的燃烧，多变成黑色，蓝色或灰色。

066

灰烬

Ashes (evidences of fire-using by Peking Man)

出土于周口店第 1 地点，距今 70 万 -20 万年。

长 570 毫米，宽 200 毫米。

灰黑色钙质，堆积致密胶结成块状，里面含有破碎的砾石斑块及多种动物化石和灰烬及同时出土的石器和脊椎动物化石，证明人类在这里用火生活，时间很长。

067

烧骨

Burnt bone

出土于周口店第 1 地点，距今 70 万 -20 万年。

残存长 85 毫米，跟骨突前后径 38 毫米，跟骨突横向宽 27 毫米。

跟骨残段，跟骨突完整，其余部分破损。

068

烧骨

Burnt bone

出土于周口店第 1 地点，距今 70 万 -20 万年。

长 160 毫米，宽 50 毫米。

大型管状骨残段。

069

烧骨

Burnt bone

出土于周口店第 1 地点，距今 70 万 -20 万年。

残存长 109 毫米，直径 22 毫米。

烧骨的颜色为绿蓝色，烧骨虽形存，但实际被烧成氧化钙。残破的蹠骨（偶蹄类），断为两截。

070

烧骨

Burnt bone

出土于周口店第 1 地点，距今 70 万 -20 万年。

残存长 159 毫米，最大宽 55 毫米。

烧骨的颜色很丰富，呈现出蓝绿色、黄色及黑色，由于燃烧的结果，骨头上有炸纹，不同颜色的烧骨主要反映出燃烧的程度不同。为大角鹿左角残段，带角盘。

071

烧骨

Burnt bone

出土于周口店第 1 地点，距今 70 万 -20 万年。

最大长 101 毫米，最大宽 37 毫米。

骨片。

072

砍掉角的肿骨大角鹿头骨

Skull of thick-jawed deer (Prey of Peking Man)

发现于周口店第 1 地点，距今 70 万 -20 万年。

两个角柄之间的距离是 91 毫米，顶骨处的横向宽 115 毫米，残存最大长 240 毫米，最大宽 245 毫米。

残破头骨带额骨，顶骨及大部分枕骨角柄保存，右角残存少量的角。

073

肿骨大角鹿头骨

Skull of thick-jawed deer

发现于周口店第 1 地点，距今 70 万 -20 万年。

横向宽 193 毫米，矢向残存长 161 毫米。

头骨额骨带角柄。

074

烧石

Burnt stone

出土于周口店第 1 地点，距今 70 万 -20 万年。

长 172 毫米，宽 10.04 毫米。

被烧卵石，表面烧后出现龟裂纹，呈杏黄色。

075

烧石

Burnt stone

出土于周口店第 1 地点，距今 70 万 -20 万年。

长 120 毫米，宽 110 毫米。

被烧卵石，表面轻微出现龟裂纹，呈灰绿色。

第 26 地点（山顶洞）

山顶洞遗址发现文化遗迹和遗物相当丰富，品种繁多，是迄今为止其他中国旧石器晚期古人类遗址无法比拟的。从山顶洞遗址出土的骨制品既有打击的，也有磨制的。在磨制骨器大量存在的同时，打击骨器作为补充，依然存在。

Locality 26 (The Upper Cave)

The cultural relics unearthed from the Upper Cave are abundant on types, and the site is the most plentiful for gathering cultural relics in China. A majority of relics are bone artifacts and horn artifacts.

076

骨针（模型）

Bone needle (cast)

出土于周口店山顶洞，发现于山顶洞第一文化层，距今 4 万 -1 万年。

长 82 毫米，针眼之上的直径为 3.1 毫米，针身最粗的地方直径 33 毫米。

针身保存极好，毫无残损，针眼的地方破断，针身略弯。

针身圆而且滑，针尖圆而且锐，为刮削和磨制而成的，由针眼保存的部分观察，针眼不是钻制的而是用尖状器刮挖而成。

077

磨光的鹿角（模型）

Polished antler (cast)

出土于周口店山顶洞，距今 4 万 -1 万年。

长 380 毫米，最宽 91.68 毫米。

原是一件成年赤鹿的角，第二叉被截掉，截断面已经被磨光，主干、角环和第一叉被刮磨而变小，或已仅存痕迹。鹿角表面沟和棱被磨掉，表面光滑，标本上可见若干平行的、细而直的条纹，眉枝上也可以看到若干更粗的条纹，也有专家说是刮痕。

装饰品

在山顶洞人遗址发现了大量的装饰品，共计 141 件。其中包括钻孔小砾石 1 件，各种穿孔兽牙 125 件，穿孔海蚶壳 3 件，石珠 7 件，有刻道的骨管（骨坠）4 件和钻孔的草鱼眶上骨 1 件。

Decorations

Many pieces of decorations were found from the Upper Cave and the total number are 141, which including a small perforated gravel, perforated shells, stone beads, engraved bone tubes, etc.

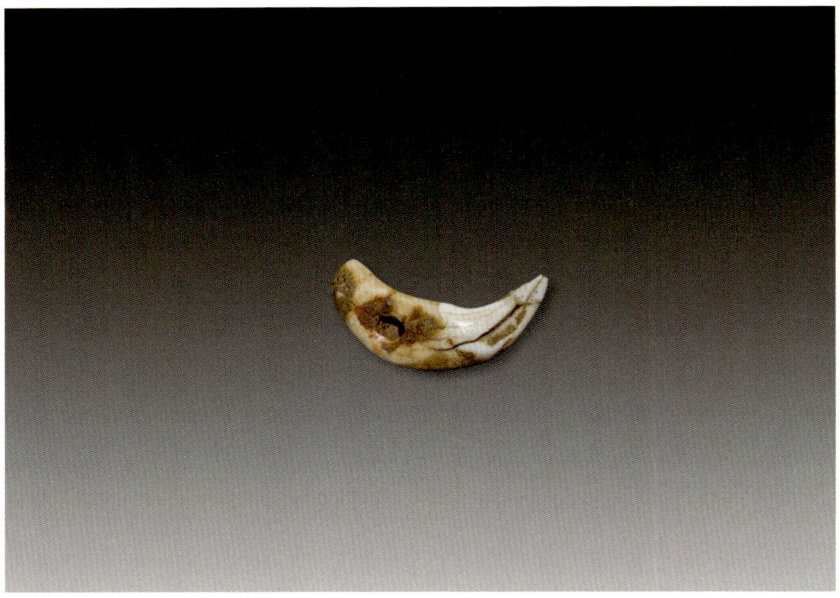

078

钻孔兽牙

Perforated animal tooth

出土于周口店山顶洞，距今 4 万 -1 万年。
长 26 毫米，宽 5 毫米。
是一件食肉类犬齿，有钻孔。

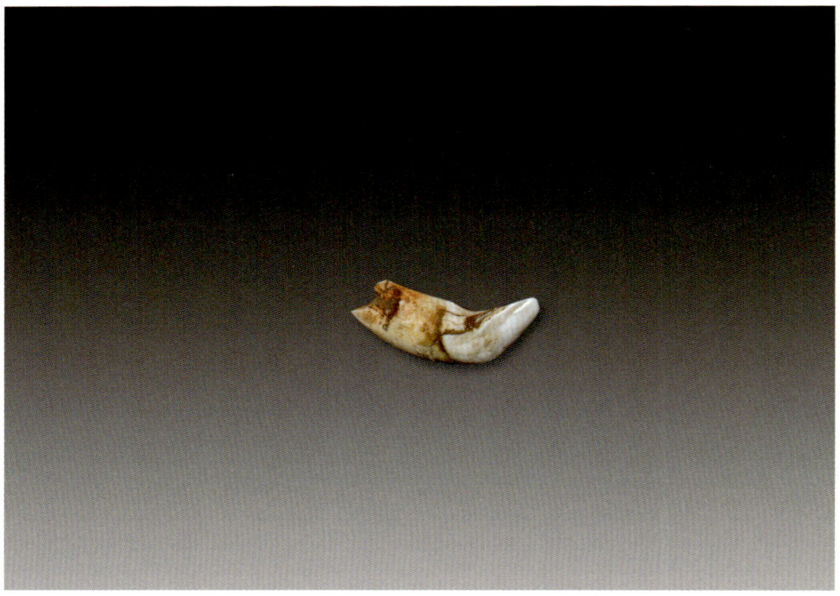

079

钻孔兽牙

Perforated animal tooth

出土于周口店山顶洞，距今 4 万 -1 万年。
长 21.4 毫米，宽 6 毫米。
是一件食肉类犬齿，有钻孔，齿根在钻孔处断掉。

080

钻孔兽牙

Perforated animal tooth

出土于周口店山顶洞，距今 4 万 -1 万年。
长 18 毫米，宽 6 毫米。
是一件食肉类犬齿，有钻孔，齿根在钻孔处断掉。

第 4 地点

发现了用火遗迹以及部分骨制品。

两件骨片：一件长 38.2 毫米，宽 13.8 毫米；另一件长 49.9 毫米，宽 12.8 毫米。

裴文中："两件小长的骨骼（肋骨？）沿其一侧将其磨制而使其变平。很清楚，它们是两件较大的人工制品，被弄平的一面裹有'钙衣'；因此，可以无疑地说，标本上的人工痕迹是在标本石化前进行的。"

Locality 4

Fire-using evidence was discovered and bone artifacts were unearthed from Locality 4.

动物化石

Animal Fossils

周口店遗址群 27 个化石地点中均有动物化石出土，共计出土动物化石百余种，化石标本不计其数。

研究最为深入的是出土了“北京人”化石的周口店第 1 地点，出土哺乳动物化石百余种，出土鸟类化石五十多种。此外，其他化石地点出土鸟类化石也很丰富，其中尤以山顶洞遗址最具特色，出土大型猛禽较多，鹰隼两科占据整个鸟群的 21.6%。

Huge quantity and hundreds kinds of animal fossil unearthed from 27 localities of Zhoukoudian sites. Over 100 kinds of mammal animals fossil and over 50 kinds of bird fossil were discovered from Locality 1 at Zhoukoudian Site. In addition, birds fossils unearthed from other Localities are also very abundant, especially in the Upper Cave, there are many kinds of raptor unearthed from the site, eagle and merlin are occupied the whole flock of 21.6%.

第 1 地点（猿人洞）

周口店第 1 地点出土哺乳动物化石 101 种，分别属食虫目 6 种、翼手目 5 种、灵长目 1 种、兔形目 6 种、啮齿目 29 种、食肉目 29 种、长鼻目 1 种、奇蹄目 3 种和偶蹄目 21 种；第 1 地点出土鸟类化石分属 9 目 20 科，53 种。

Locality 1 (Ape Man Cave)

Six species of the most in-depth is unearthed a Peking Man fossils of Locality 1, Zhoukoudian Site, 101 fossil mammals unearthed, respectively, in the genus 6 species of Insectivora, Chiroptera 5, 1 species of primates, 6 species of Lagomorpha, 29 species of Rodentia, 29 species of Carnivora, Proboscidea, 3 species of Perissodactyla, hoofed head 21; the Locality 1 unearthed bird fossils belonging to 9 orders, 20 families, 53 species.

081

肿骨大角鹿头骨带角

Skull with antler of thick-jawed deer
(*Sinomegaceros pachyosteus*)

发现于周口店第 1 地点，距今 70 万 -20 万年。

长 214 毫米，宽 146 毫米，高 105 毫米。

额骨以前部分破损，左右角眉枝破损，角环前后径 77 毫米，左右径 62 毫米。

082

华南豪猪下颌骨

Mandible of crested porcupine
(*Hystrix subcristata*)

发现于周口店第1地点，距今70万-20万年。

长63毫米，宽31毫米。

右下颌骨残段带完整门齿，第四下前臼齿、第一下臼齿和第二下臼齿牙齿冠面保存完好。

083

居氏大河狸下颌骨

Mandible of Cuvier's giant beaver
(*Trogontherium cuvieri*)

发现于周口店第1地点，距今70万-20万年。

长88毫米，宽51毫米。

下颌上升支和门齿缺失，下齿长42毫米。

084

居氏大河狸右下颌骨

Right mandible of Cuvier's giant beaver
(*Trogontherium cuvieri*)

发现于周口店第 1 地点，距今 70 万 –20 万年。

长 51 毫米，宽 42 毫米。

右下颌骨残段，保存第四下前臼齿到第二下臼齿。

085

安氏猕猴下颌骨

Mandible of macaque
(*Macaca anderssoni*)

出土于周口店第 1 地点，距今 70 万 –20 万年。

长 66 毫米，宽 28 毫米，高 26 毫米。

右侧下颌体和左侧部分下颌体保存完好，两侧门齿都缺失，左侧仅保存了犬齿及第三、第四前臼齿，右侧从第三前臼齿至第三臼齿保存。左侧第三、第四前臼齿，长 7.5 毫米，右侧第三前臼齿至第三臼齿长 41 毫米。

086

变异狼头骨

Skull of small wolf
(*Canis variabilis*)

发现于周口店第 1 地点，距今 70 万 -20 万年。
长 195 毫米，宽 51 毫米，高 89.7 毫米。
颅顶部分压扁，牙齿基本保存。

087

中国貉头骨

Skull of Chinese raccoon dog
(*Nyctereutes sinensis*)

发现于周口店第 1 地点，距今 70 万 -20 万年。

长 69 毫米，宽 50 毫米，高 43 毫米。

颅内充填，带部分听泡骨、部分基枕骨及部分枕骨残片。

088

中国貉头骨

Skull of Chinese raccoon dog
(*Nyctereutes sinensis*)

发现于周口店第 1 地点，距今 70 万 –20 万年。
长 54 毫米，宽 46 毫米，高 40.8 毫米。
颅内充填，部分左半侧顶骨和枕骨。

089

黑熊下颌骨

Mandible of black bear
(*Ursus thibetanus*)

发现于周口店第 1 地点，距今 70 万 -20 万年。

长 153 毫米，宽 69 毫米，高 22 毫米。

左侧下颌上升支破损，保存犬齿、第三前臼齿和第三臼齿，其余牙齿脱落，留有齿槽，犬齿至第三臼齿长 110 毫米。

090

洞熊下颌骨

Mandible of cave bear
(*Ursus spelaeus*)

发现于周口店第 1 地点，距今 70 万 -20 万年。

长 200 毫米，宽 67 毫米。

吻部和下颌上升支缺失，第一、二、三臼齿保存，第一臼齿前端破损，第三臼齿冠面破损，第一至第三臼齿长 37 毫米。

091

意外巨剑齿虎上犬齿

Upper canine of sabre-toothed tiger
(*Meganteron inexpectatus*)

发现于周口店第 1 地点，距今 70 万 -20 万年。

长 111 毫米，宽 25 毫米。

基本保存完好，前后缘带锯齿，齿冠长 62 毫米，基部宽 24 毫米。

C.707

092

中国鬣狗头骨

Skull of giant hyena
(*Pachycrocuta sinensis*)

发现于周口店第 1 地点，距今 70 万 -20 万年。

长 254 毫米，宽 144 毫米。

额骨顶骨颧弓破损，左右颊齿基本保存，右边第一至第四前臼齿长 97 毫米，第四前臼齿长 43 毫米。

093

小野猫头骨

Skull of cat
(*Felis microtis*)

发现于周口店第 1 地点，距今 70 万 -20 万年。

长 106 毫米，宽 75.5 毫米。

吻部和右侧颧弓破损，听泡破损，左侧牙齿长 21 毫米，右侧长 20 毫米。

094

纳玛古菱齿象肢骨残段

Partial limb bone of forest elephant
(*Palaeoloxodon namadicus*)

发现于周口店第 1 地点，距今 70 万 -20 万年。
长 440 毫米，上直径 148 毫米，底径 210 毫米。
纳玛古菱齿象肢骨一段。

095

纳玛古菱齿象门齿

Tusk fragment of forest elephant
(*Palaeoloxodon namadicus*)

发现于周口店第 1 地点，距今 70 万 -20 万年。
长 440 毫米，宽 74.7 毫米。
纳玛古菱齿象门齿一段。

1952.1.20
北洞

096

三门马下颌骨

Mandible of horse
(*Equus sanmeniensis*)

发现于周口店第 1 地点，距今 70 万 -20 万年。

长 228 毫米，宽 123.5 毫米。

下颌上升支缺失，下齿从第二前臼齿到第三臼齿保存，其长 207 毫米，第二臼齿下颌体高 100 毫米。

097

燕山披毛犀右上臼齿

Right upper teeth of woolly rhino
(*Coelodonta antiquitatis yenshanensis*)

发现于周口店第 1 地点，距今 70 万 -20 万年。

长 116.3 毫米，宽 43 毫米，高 64 毫米。

为右上臼齿 2 颗，第一臼齿前脊和后脊破损，第二臼齿长 59 毫米，宽 43 毫米，高 64 毫米。

098

双角犀幼年右上颌骨

Juvenile right maxilla of double-horned rhino
(*Stephanorhinus choukoutienensis*)

发现于周口店第 1 地点，距今 70 万 -20 万年。

长 171 毫米，宽 125 毫米。

右上颌骨带第一乳前臼齿至第四乳前臼齿，齿冠十分完好，第一乳前臼齿至第四乳前臼齿长 161 毫米。

099

双角犀右上颌骨

Right maxilla of double-horned rhino
(*Stephanorhinus choukoutienensis*)

发现于周口店第 1 地点，距今 70 万 -20 万年。

长 165 毫米，高 91.5 毫米。

上颌的一部分，牙齿仅保存第四前臼齿及第一、第二臼齿，第一、第二臼齿长 14 毫米。

100

双角犀左下颌骨

Left mandible of double-horned rhino
(*Stephanorhinus choukoutienensis*)

发现于周口店第1地点，距今70万-20万年。

长420毫米，宽160毫米。

基本完好，颊齿保存，颊齿长256毫米，第二、三臼齿未萌出，属于幼年个体，第一臼齿处下颌体高70毫米。

官

101

双角犀右肱骨

Right humerus of double-horned rhino
(*Stephanorhinus choukoutienensis*)

发现于周口店第 1 地点，距今 70 万 -20 万年。

长 400 毫米，宽 145 毫米。

近端缺失，远端基本完好，内侧滑车面稍有破损。

102

李氏野猪头骨

Skull of Lydekker's pig
(*Sus lydekkeri*)

发现于周口店第 1 地点，距今 70 万 -20 万年。

长 445 毫米，宽 160 毫米，高 190 毫米。

因受力致使整体形状变形，整体形状扁平，颊齿基本保存，两个犬齿脱落，颊齿左侧长 138 毫米，右侧长 138 毫米，牙齿磨耗严重，属于老年个体。

103

李氏野猪下颌骨带犬齿

Mandible with canine of Lydekker's pig
(*Sus lydekkeri*)

发现于周口店第 1 地点，距今 70 万 –20 万年。

长 225 毫米，宽 108 毫米。

下颌骨左右犬齿基本完好，带第四左下前臼齿、第二下臼齿、第一下臼齿，右下第四前臼齿、第三下臼齿，左下第一臼齿和右下第四前臼齿破损，下颌支缺失。

104

葛氏斑鹿头骨带角

Partial skull with antler of Gray's sika deer
(*Cervus grayi*)

发现于周口店第 1 地点，距今 70 万 –20 万年。

长 259 毫米，宽 141 毫米。

右角缺失，左角眉枝保存完好，角环前后径 67 毫米，左右径 65 毫米。

105

德氏水牛左下颌骨

Left mandible of buffalo
(*Bubalus teilhardi*)

发现于周口店第 1 地点，距今 70 万 -20 万年。

长 230 毫米，宽 170 毫米。

左侧下颌骨上升支及吻部破损，第三前臼齿至第三臼齿保存，其长度 145 毫米，在第二臼齿处下颌体高 74 毫米。

106

德氏水牛距骨

Astragalus of buffalo
(*Bubalus teilhardi*)

发现于周口店第 1 地点，距今 70 万 -20 万年。

宽 94 毫米，高 67 毫米。

完整距骨。

107

德氏水牛左掌骨

Left metacarpal of buffalo
(*Bubalus teilhardi*)

发现于周口店第 1 地点，距今 70 万 -20 万年。
长 270 毫米，远端宽 88 毫米，近端宽 86 毫米。
完整左侧掌骨。

108

野牛左下颌骨

Left mandible of wisent
(*Bison* sp.)

发现于周口店第 1 地点，距今 70 万 –20 万年。

长 250 毫米，宽 116 毫米。

下颌体及上升支均破损，下颌体保存一部分。其长度 250 毫米，第一臼齿到第三臼齿长 103 毫米。

109

裴氏转角羚羊左角心

Left horn core of spiral-horned gazelle
(*Spirocerus peii*)

发现于周口店第 1 地点，距今 70 万 -20 万年。

长 260 毫米，底径 68 毫米。

左角心带着部分额骨，角长 205 毫米，基部宽 50 毫米。

110

羚羊角

Horn core of gazelle
(*Gazella* sp.)

发现于周口店第1地点，距今70万-20万年。

长176毫米，底径30毫米。

角心基本完整，表面纵沟不很明显。

111

水獭左下颌骨

Left mandible of otter
(*Lutra melina*)

发现于周口店第 1 地点，距今 70 万 −20 万年。

左下颌后端仅保留部分上升支，从第三前臼齿至第一臼齿保存，从第三前臼齿至第一臼齿后缘长 26 毫米。

112

水獭右下颌骨

Right mandible of otter
(*Lutra melina*)

发现于周口店第 1 地点，距今 70 万 −20 万年。

右下颌的一部分，下颌体保存，带有第三前臼齿至第一臼齿。

113

水獭右下颌骨

Right mandible of otter
(*Lutra melina*)

发现于周口店第 1 地点，距今 70 万 –20 万年。

右侧部分下颌体一段，带有部分上升支及髁突和角突，带有第三前臼齿，第一臼齿第二臼齿保留，保留部分的全长为 61.3 毫米。

114

西伯利亚鼬下颌骨

Mandible of siberian weasel
(*Mustela sibirica*)

发现于周口店第 1 地点，距今 70 万 –20 万年。

右侧保存完好，长 13 毫米，左侧上升支残。

115

云雀腕掌骨

Carpometacarpu of sky lark
(*Alauda arvensis*)

发现于周口店第 1 地点，距今 70 万 –20 万年。

长 27.5 毫米。

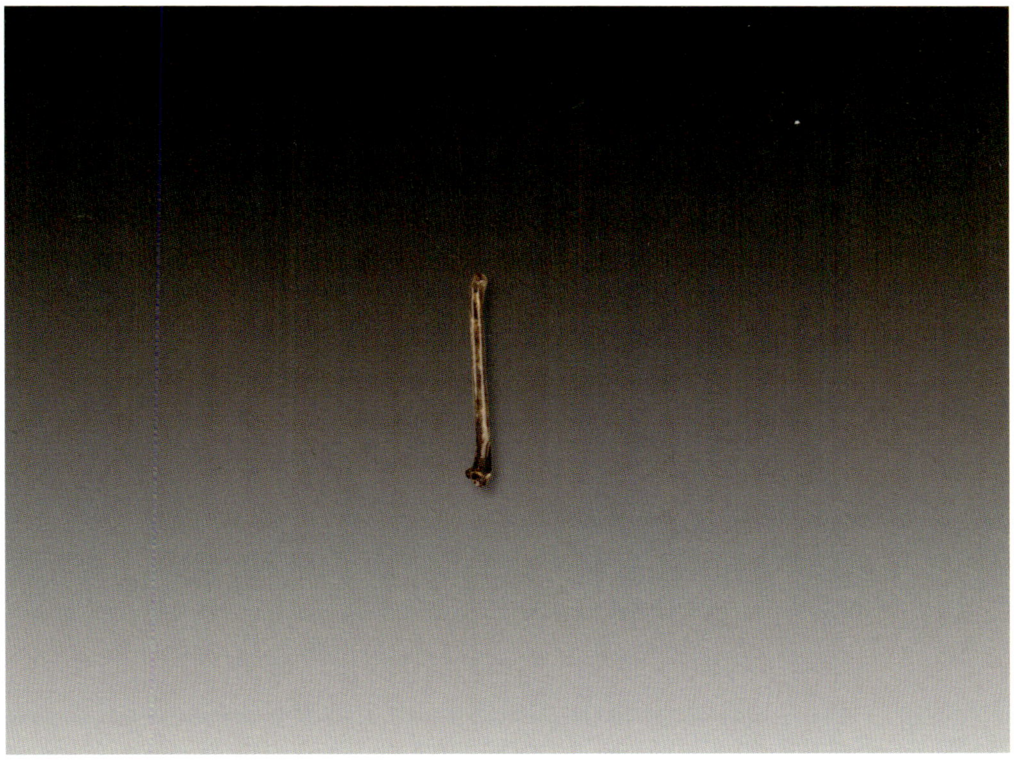

116

云雀肱骨

Humerus of sky lark
(*Alauda arvensis*)

发现于周口店第 1 地点，距今 70 万 –20 万年。

长 21.2 毫米。

保存基本完好，近端稍有破损。

117

云雀尺骨

Ulna of sky lark
(*Alauda arvensis*)

发现于周口店第 1 地点，距今 70 万 –20 万年。

长 16.5 毫米。

118

蓝歌鸲跗跖骨

Tarsometatarsus of siberian blue robin
(*Luscinia cyane*)

发现于周口店第 1 地点，距今 70 万 -20 万年。

长 28 毫米。

119

蓝歌鸲跗跖骨

Tarsometatarsus of siberian blue robin
(*Luscinia cyane*)

发现于周口店第 1 地点，距今 70 万 -20 万年。

长 27.8 毫米。

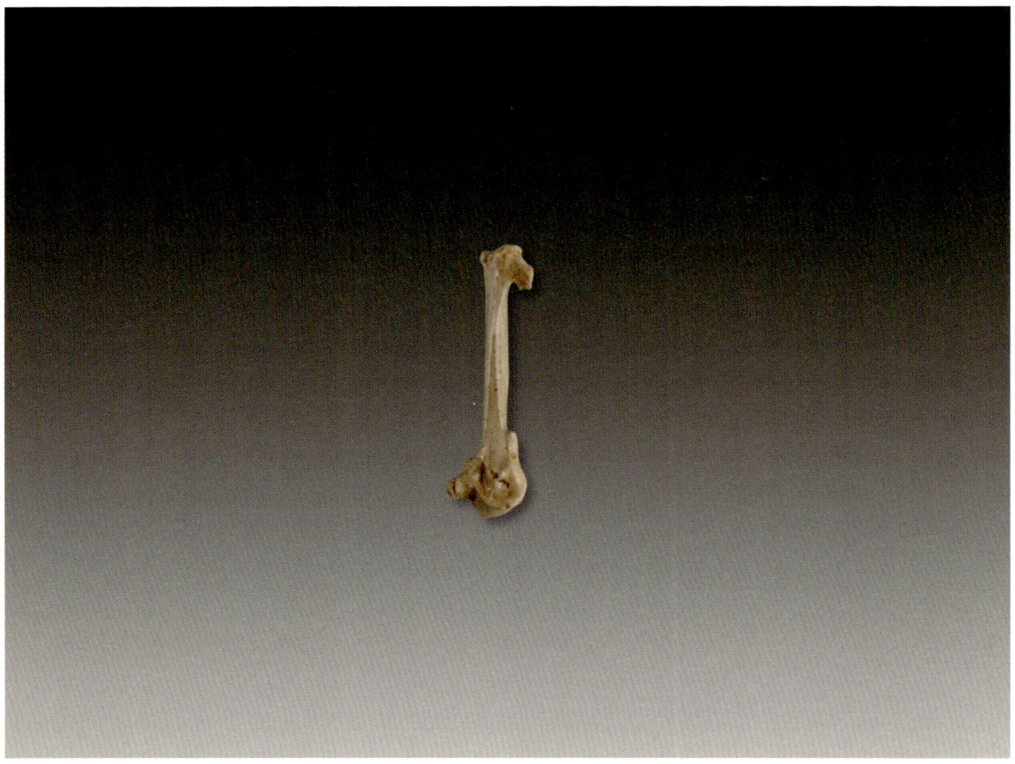

120

沙鸡腕掌骨

Carpometacarpu of brown hill warbler
(*Prinia polychroa*)

发现于周口店第 1 地点，距今 70 万 -20 万年。

长 30.2 毫米。

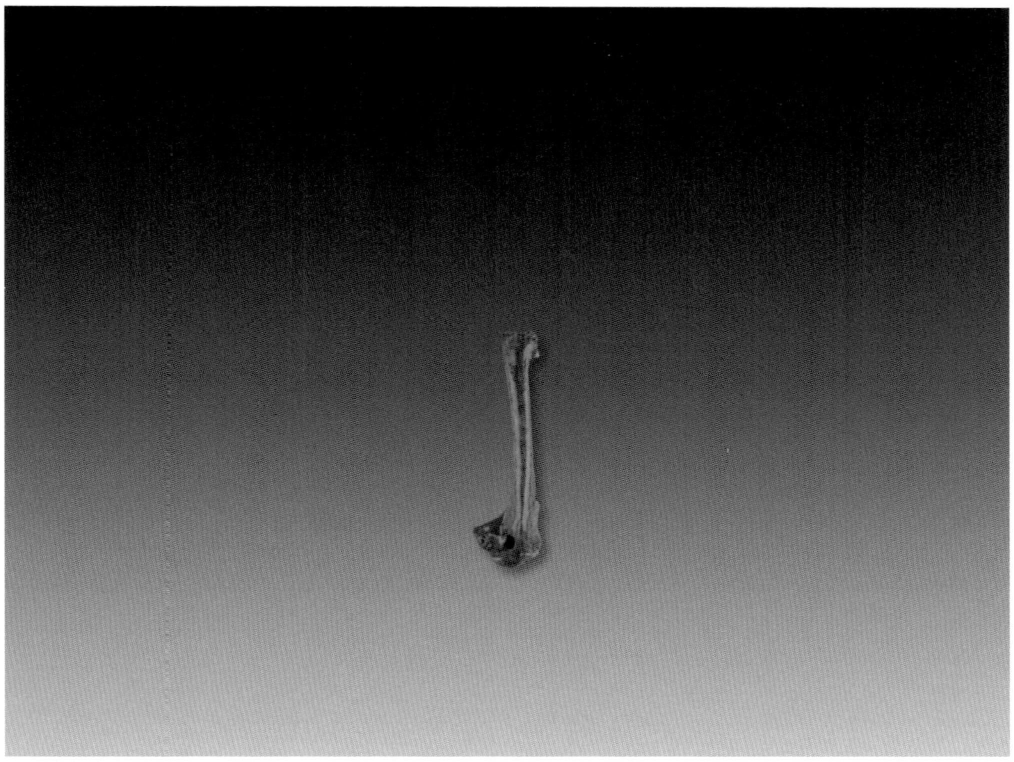

121

锡嘴雀肱骨

Humerus of hawfinch
(*Coccothraustes*)

发现于周口店第1地点，距今70万-20万年。

长27毫米。

122

山雀肱骨

Humerus of tit
(*Parus* sp.)

发现于周口店第1地点，距今70万-20万年。

长17毫米。

123

山雀股骨

Femur of tit
(*Parus* sp.)

发现于周口店第1地点，距今70万-20万年。

长16毫米。

124

野鸽肱骨

Humerus of rock dove
(*Columba livia*)

发现于周口店第 1 地点，距今 70 万 -20 万年。

长 40 毫米。

125

野鸽肱骨

Humerus of rock dove
(*Columba livia*)

发现于周口店第 1 地点，距今 70 万 -20 万年。

长 44.3 毫米。

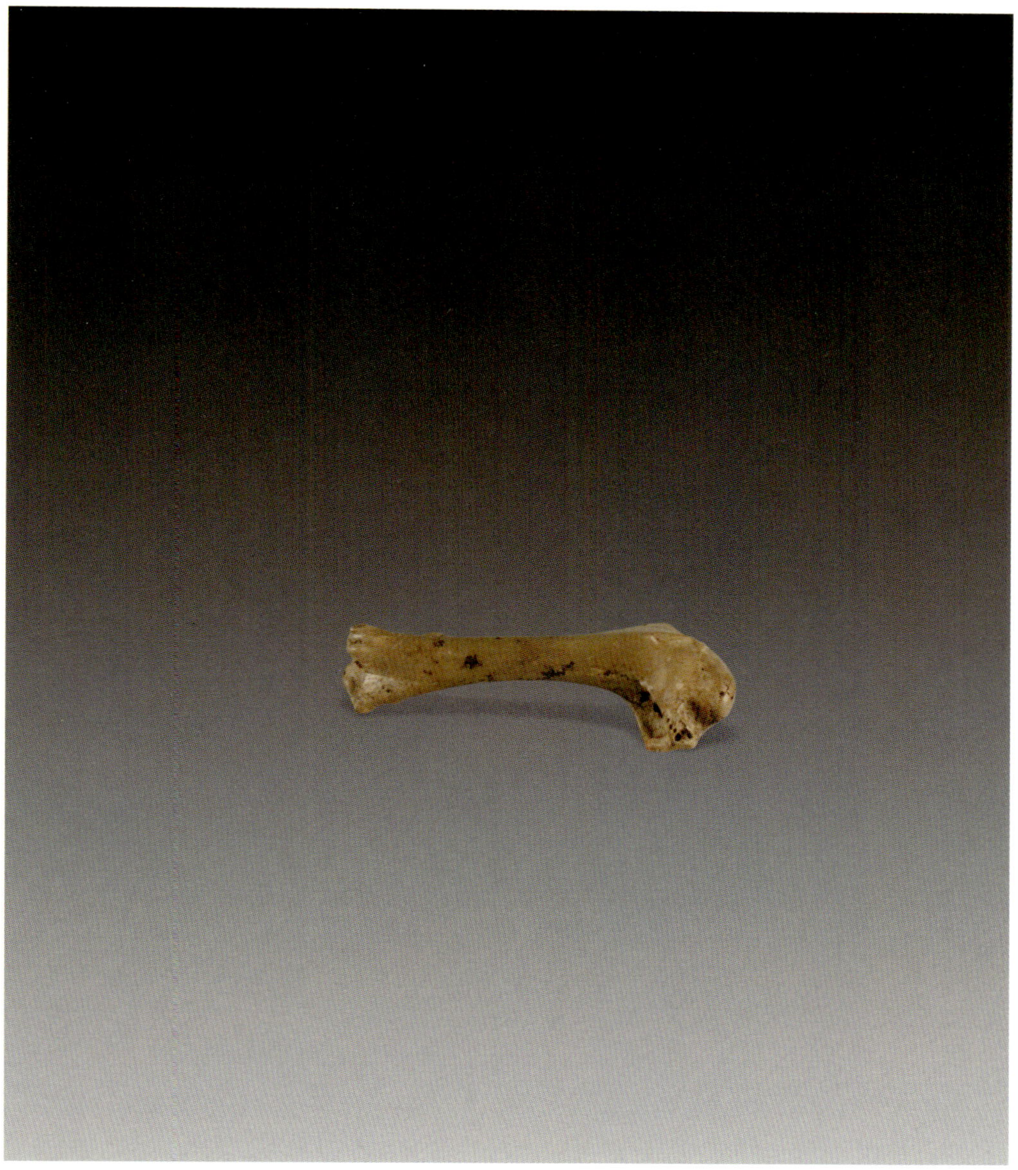

126

野鸽肱骨

Humerus of rock dove
(*Columba livia*)

发现于周口店第 1 地点，距今 70 万 -20 万年。

长 44.3 毫米，宽 15.8 毫米。

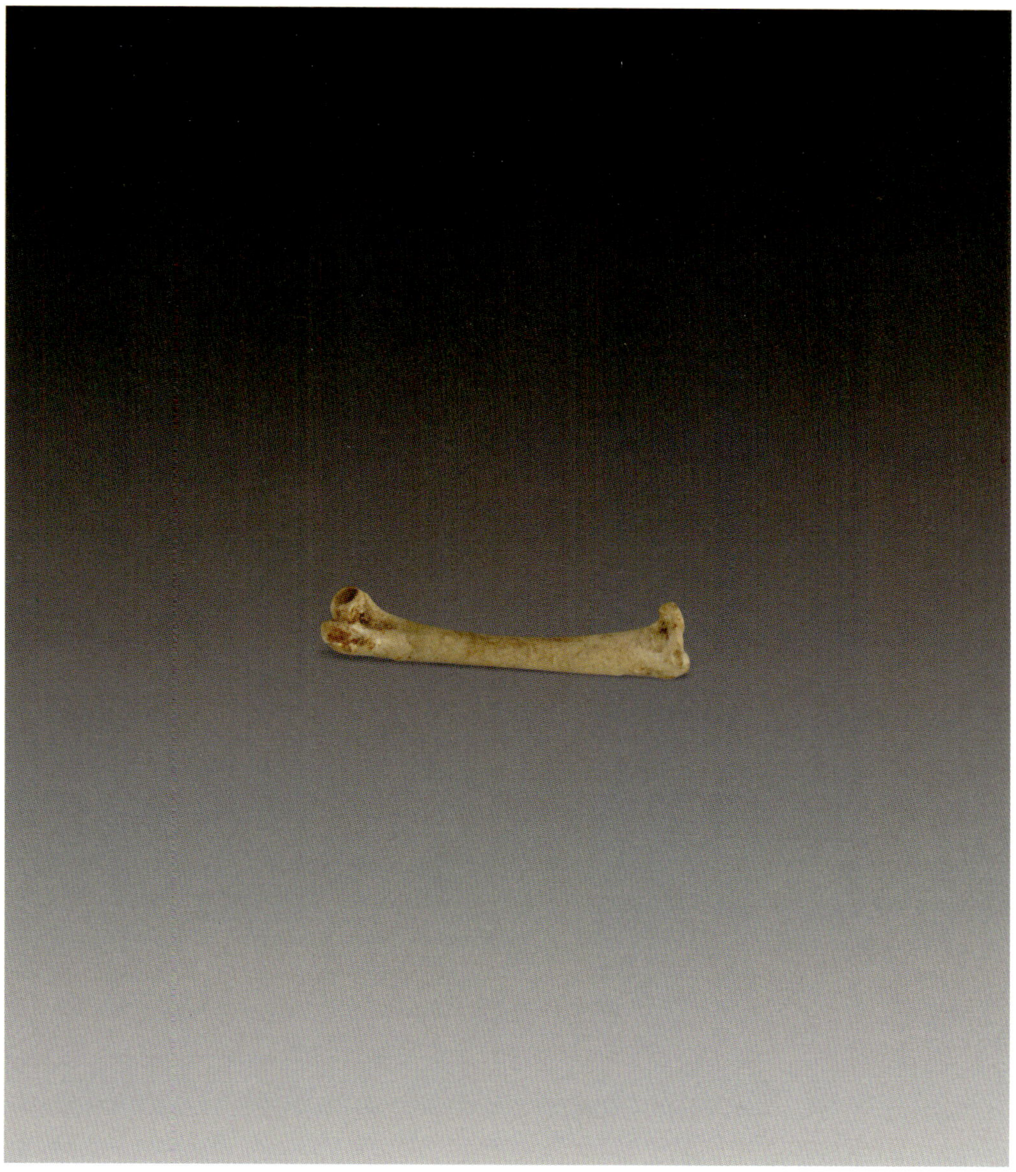

127

野鸽股骨

Femur of rock dove
(*Columba livia*)

发现于周口店第 1 地点，距今 70 万 -20 万年。

长 38 毫米。

128

野鸽腕掌骨

Carpometacarpu of rock dove
(*Columba livia*)

发现于周口店第 1 地点，距今 70 万 -20 万年。

长 31.5 毫米。

129

野鸽胫跗骨

Tibiatarsus of rock dove
(*Columba livia*)

发现于周口店第 1 地点，距今 70 万 -20 万年。

长 54 毫米。

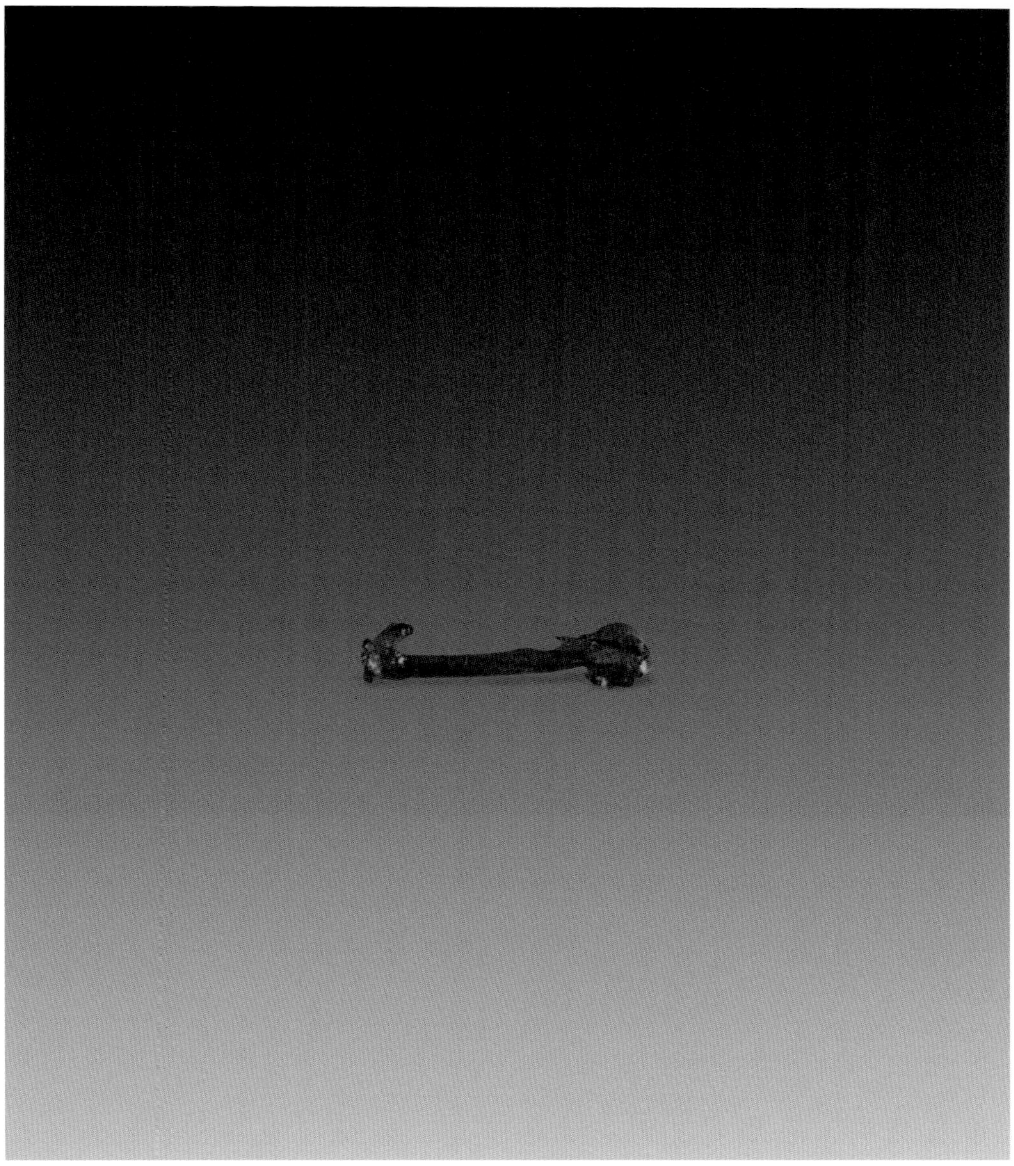

130

野鸽乌喙骨

Coracoid of rock dove
(*Columba livia*)

发现于周口店第 1 地点，距今 70 万 -20 万年。

长 30 毫米。

131

中国鬣狗完整骨架

Skeleton of giant hyena
(*Pachycrocuta sinensis*)

发现于周口店第 1 地点，距今 70 万 -20 万年。

长 1510 毫米，高 885 毫米。

中国鬣狗完整骨架化石，其中右下为鬣狗粪便化石 31 件。

第 26 地点（山顶洞）

在山顶洞发现的脊椎动物化石多数为现生种，除鱼、两栖动物和鸵鸟外，还有 47 种哺乳动物，其中斑鹿和兔数量最多。绝灭的动物有最后鬣狗、洞熊和大鸵鸟等。这里的动物群指示一种比今天温暖的气候。动物群的时代为晚更新世的后期，距今 4 万 –1 万年。

Locality 26 (The Upper Cave)

The vertebrate fossils found from the Upper Cave are mostly extant species, except for fish, amphibian animal fossil and ostrich fossil, there are 47 kinds of mammals fossils, in which the large number is deer fossil and rabbit fossil. Here the animal group indicates a warmer climate than today. Age of animal groups is the late Late Pleistocene, about 40,000-10,000 years ago.

132

白尾海雕颈椎

Cervical vertebra of white-tailed eagle
(*Haliaeetus albicilla*)

发现于周口店山顶洞，距今 4 万 –1 万年。
长 33 毫米，宽 29.5 毫米。

133

秃鹫股骨近端

Proximal end of femur of European black vulture (*Aegypius monachus*)

发现于周口店山顶洞，距今4万–1万年。
长99毫米，宽17毫米。
股骨头破损，左右直径14毫米。

134

胡兀鹫腰荐椎

Lumbar and sacral vertebrae of bearded vulture (*Gypaetus barbatus*)

发现于周口店山顶洞，距今4万–1万年。
长62.7毫米，宽3.1毫米。

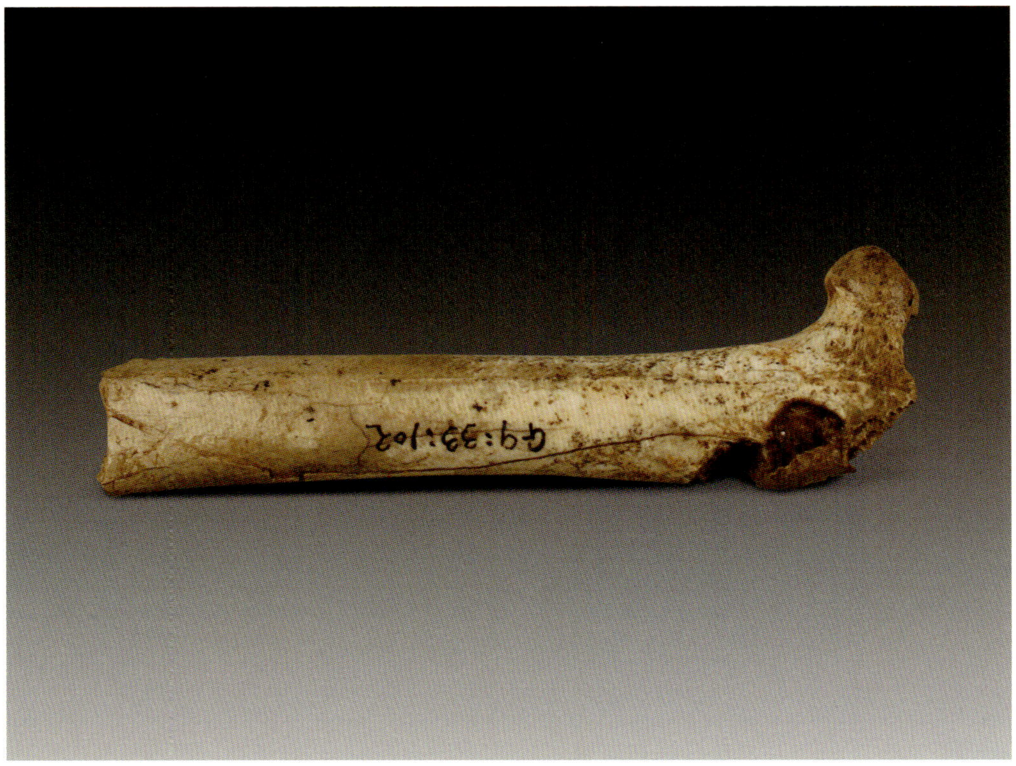

135

金雕股骨近端

Proximal end of femur of golden eagle (*Aquila chrysaetos*)

发现于周口店山顶洞，距今4万–1万年。
长110毫米、宽26毫米。
保存基本完好。

136

豹左下颌骨

Left mandible of leopard
(*Panthera pardus*)

发现于周口店山顶洞，距今 4 万 –1 万年。

长 16.5 毫米，宽 91 毫米。

从第四前臼齿以前缺失，第四前臼齿和第一臼齿保存，其长 48.5 毫米。

137

豹右下颌骨

Right mandible of leopard
(*Panthera pardus*)

发现于周口店山顶洞，距今 4 万 –1 万年。

长 205 毫米，宽 97.7 毫米。

上升支缺失，犬齿到第一臼齿保存，长度 10.04 毫米。

138

狼头骨

Skull of wolf
(*Canis* sp.)

发现于周口店山顶洞，距今 4 万 -1 万年。

长 150 毫米，宽 74 毫米，高 51.7 毫米。

左右颧弓无，枕髁到犬齿长 145 毫米，左右仅保存第四前臼齿到第二臼齿，齿长 29.5 毫米。

139

最后斑鬣狗右下颌骨残段

Partial right mandible of spotted hyena
(*Crocuta ultima*)

发现于周口店山顶洞，距今4万-1万年。

长56.7毫米，宽44毫米。

右下颌一段，上面仅带有第一臼齿，齿长33毫米，宽13.9毫米。

140

最后斑鬣狗裂齿

Carnassial tooth of spotted hyena
(*Crocuta ultima*)

发现于周口店山顶洞，距今4万-1万年。

长31毫米，宽32毫米。

右侧第一臼齿一个，齿长32毫米，宽14毫米。

141

北京斑鹿头骨

Skull of sika deer
(*Cervus Pseudaxis hortulorum*)

发现于周口店山顶洞，距今 4 万 -1 万年。

长 245 毫米，宽 88 毫米，高 53.8 毫米。

颅底破损，牙齿保存，右齿保存，右齿列长 77 毫米。

142

北京斑鹿下颌骨

Mandible of sika deer
(*Cervus Pseudaxis hortulorum*)

发现于周口店山顶洞，距今 4 万 -1 万年。

长 126 毫米，宽 54 毫米。

右侧乳臼齿未脱，齿列全，臼齿开始萌出。

143

狍子下颌骨

Mandible of roe deer
(*Capreolus capreolus*)

发现于周口店山顶洞，距今 4 万 -1 万年。
长 128 毫米，宽 76 毫米。
右侧保存完好，齿列全，齿列长 55 毫米。

144

洞熊完整骨架

Skeleton of cave bear
(*Ursus spelaeus*)

发现于周口店山顶洞，距今 4 万 -1 万年。

长 1700 毫米，高 1130 毫米。

下颌骨为模型，是一具带有完整头骨的骨架。骨架中，头骨为成年头骨，牙齿稍经磨蚀，吻顶平，眶内区稍凹，眶后区向前后方向均稍倾斜，额骨较平，矢状脊发育并在靠后的位置分成两条不太清楚的嵴。

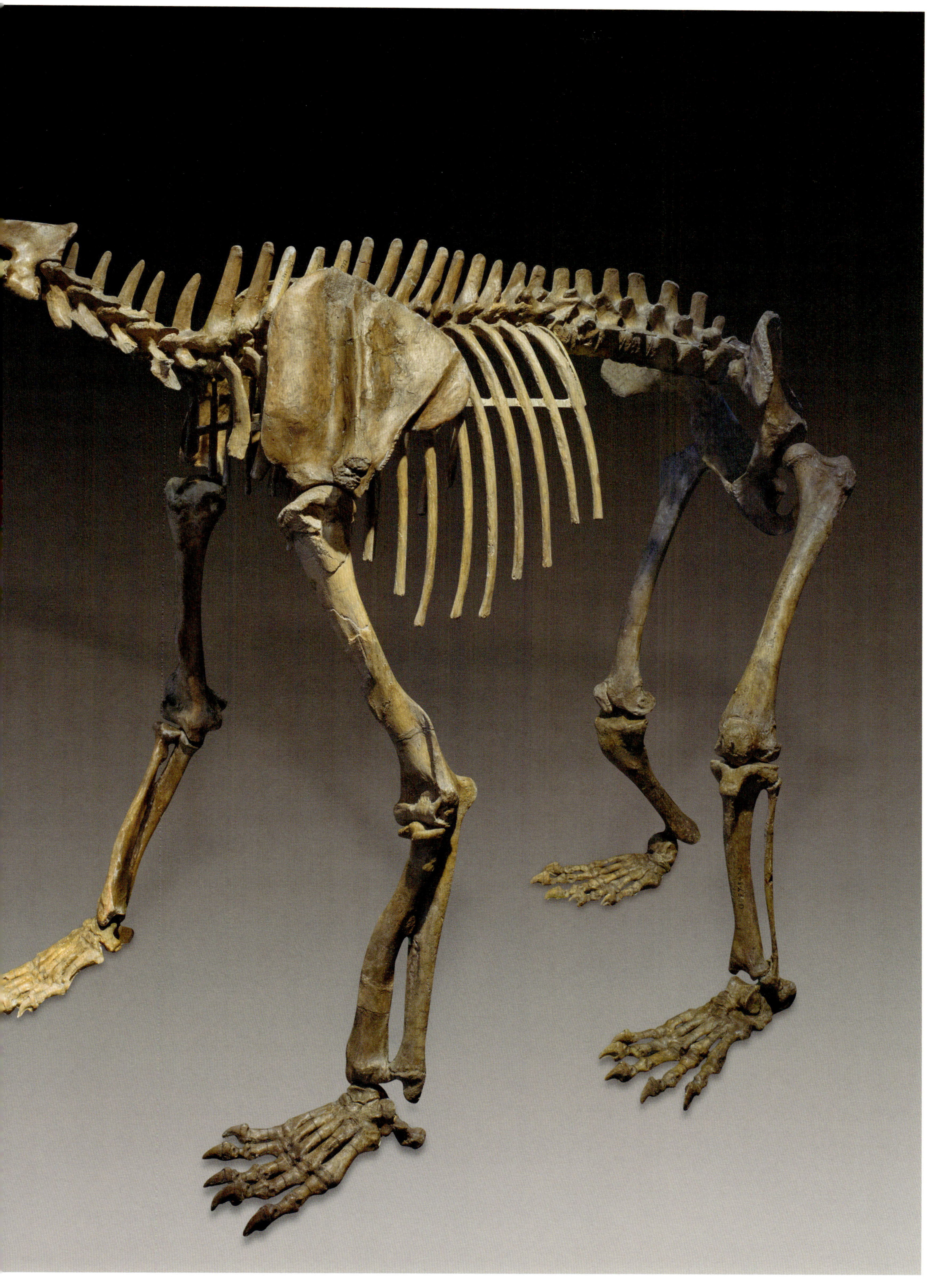

145

虎完整骨架

Skeleton of tiger
(*Panthera tigris*)

发现于周口店山顶洞，距今 4 万 -1 万年。

长 1855 毫米，高 910 毫米。

虎完整骨架化石，肋骨为模型。

第 27 地点（田园洞）

自发掘以来，发现已鉴定哺乳动物化石 39 个属种，其中以鹿类为主，并有大量的豪猪化石，这些发现对探讨本地区的哺乳动物演替及古环境变迁具有重要意义。

Locality 27 (Tianyuan Cave)

Among the animal fossils unearthed from Locality 27, 39 species have been identified, deer and porcupines dominate the fauna. These discoveries are of great significance for researching the evolution of local mammals and environmental changes. The newly discovered Tianyuan Cave is the 27th of the Zhoukoudian area. The late homo sapiens fossils unearthed there somehow compensated for the loss of the Upper Cave human fossils.

146

黑熊左下颌骨（模型）

Left mandible of black bear (cast)
(*Ursus thibetanus*)

出土于周口店第 27 地点（田园洞），2003 年发掘出土，距今 4.2 万 –3.85 万年。

147

北京斑鹿后腿骨（模型）

Limb bone of sika deer (cast)
(*Cervus nippon*)

出土于周口店第 27 地点（田园洞），2003 年发掘出土，距今 4.2 万 -3.85 万年。

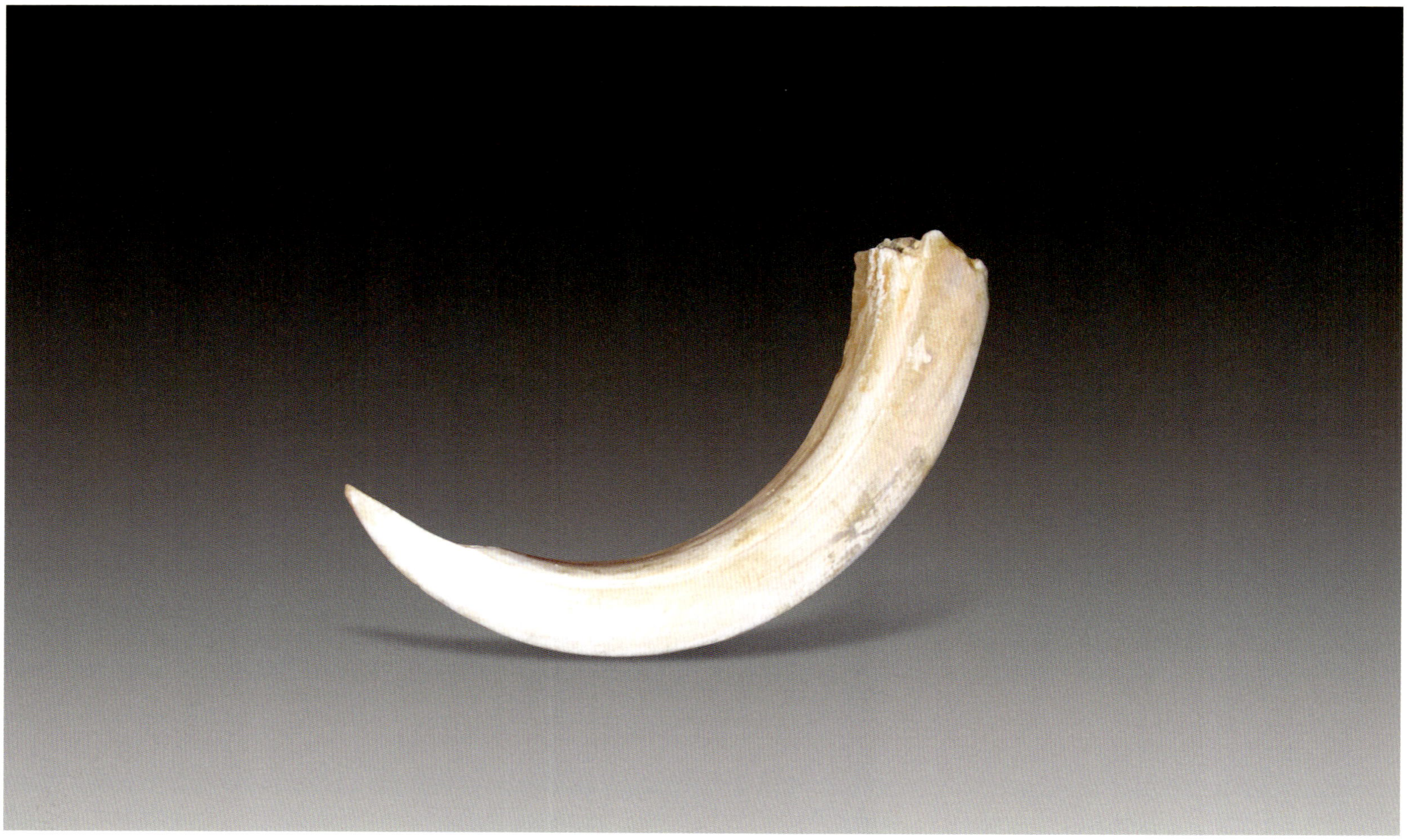

148

豪猪右下颌骨（模型）

Right mandible of porcupine (cast)
(*Hystrix subcristata*)

出土于周口店第 27 地点（田园洞），2003 年发掘出土，距今 4.2 万 –3.85 万年。

149

野猪下犬齿（模型）

Canine of boar (cast)
(*Sus scrofa*)

出土于周口店第 27 地点（田园洞），2003 年发掘出土，距今 4.2 万 –3.85 万年。

第 4 地点

第 4 地点的脊椎动物化石资料大部分来自 1973 年发掘所得。发现动物化石 40 多种分属 4 个纲：爬行纲、两栖纲、鸟纲和哺乳纲。

Locality 4

The vertebrate fossils unearthed in Locality 4 mostly were discovered in 1973. There are 40 kinds of animal fossils found from Locality 4, which belong to 4 classes: Reptilia and Amphibia, aves and mammalia.

150

硕猕猴下颌骨

Mandible of macaque
(*Macaca robusta*)

发现于周口店第 4 地点，距今 20 万 -10 万年。

长 59 毫米，宽 30 毫米，高 40 毫米。

下颌支后侧破损，下颌体在第四下前臼齿之前缺失，保存第四下前臼齿到第三下臼齿，牙齿冠面保存完好。

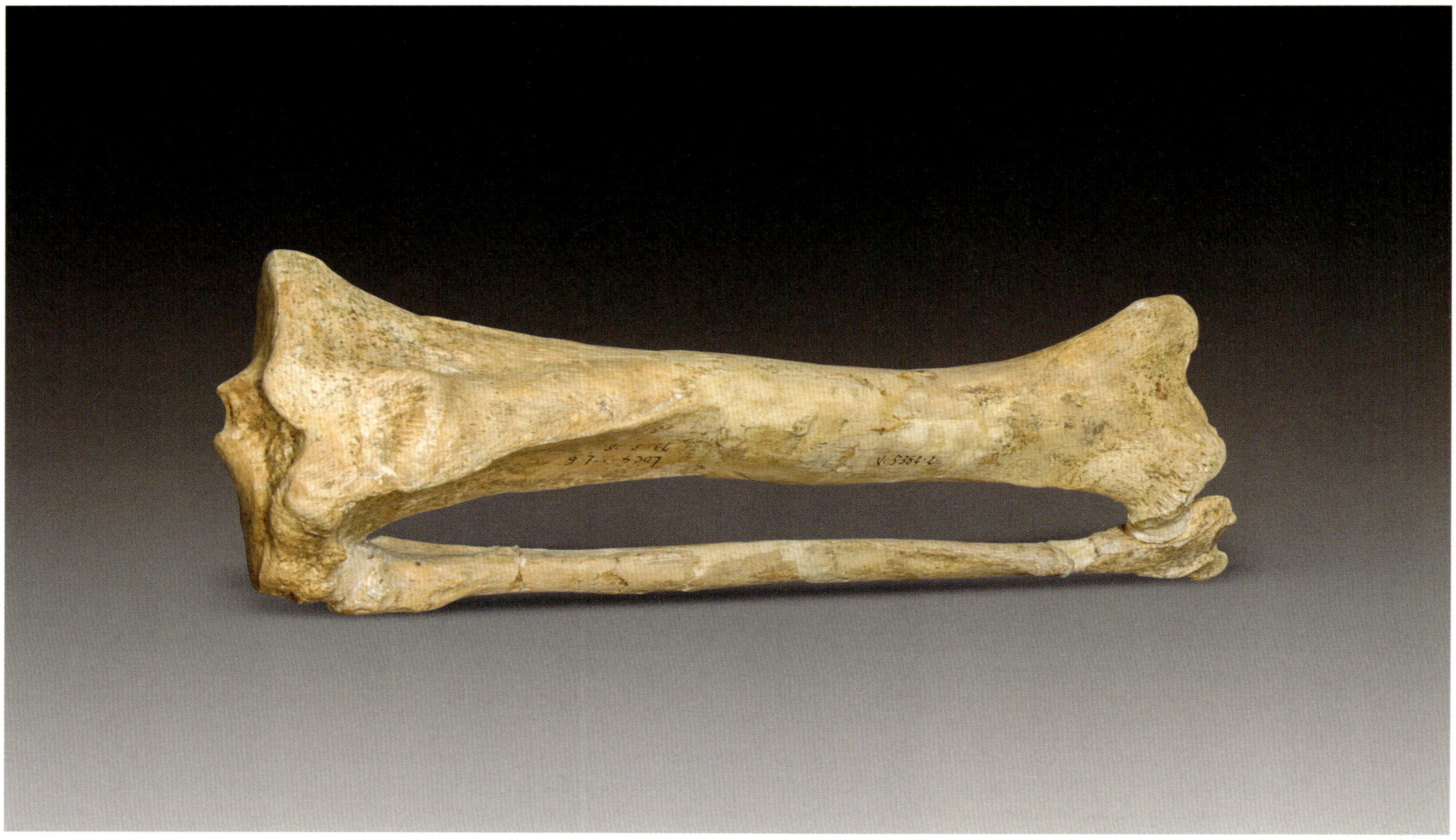

151

棕熊右股骨

Right femur of brown bear
(*Ursus arctos*)

发现于周口店第 4 地点，距今 20 万 -10 万年。

长 418 毫米，宽 84 毫米。

152

棕熊右胫腓骨

Right tibia and fibula of brown bear
(*Ursus arctos*)

发现于周口店第 4 地点，距今 20 万 -10 万年。

长 295 毫米，宽 90 毫米。

棕熊右胫腓骨各一根（相连），胫骨长 288 毫米。

153

棕熊右脚

Right pes of brown bear
(*Ursus arctos*)

发现于周口店第 4 地点，距今 20 万 -10 万年。

长 270 毫米，宽 142 毫米。

右后脚踝骨、掌骨、趾骨齐全。

第 13 地点

第 13 地点出土了肿骨大角鹿、更新獐、剑齿虎、大丁氏田鼠、三门马和双角犀等 36 种哺乳动物，化石石化程度深，化石数量大，保存好，地质年代大致为中更新世早期。

Locality 13

There were M. pachyosteus, saber toothed tiger, Equus sanmeniensis and double-horn rhinoceros and so on, a total of 36 species of mammals are excavated in Locality 13, which fossilized deep level and a large number of fossil, the geological age is roughly the early Middle Pleistocene.

154

葛氏斑鹿头骨带角

Skull with antler of Gray's sika deer
(*Cervus grayi*)

出土于周口店第 13 地点。

长 600 毫米，宽 129 毫米。

额骨之前部分断裂，左角第二枝尖部断裂，右角眉枝尖断裂，第二枝缺失，角环直径 57 毫米，两角垂直高度为左角 600 毫米，右角 600 毫米。

155

中国鬣狗头骨

Skull of giant hyena
(*Pachycrocuta sinensis*)

发现于周口店第 13 地点。

长 355 毫米，宽 14.2 毫米，高 128 毫米。

左上颚骨及颧弓缺失，右侧牙齿从第一前臼齿到第四前臼齿均保存，长度 97 毫米。

LOC.13
34:152

156

硕猕猴头骨

Skull of macaque
(*Macaca robusta*)

发现于周口店第 13 地点。

长 125 毫米，宽 74 毫米，高 55.8 毫米。

颅顶挤压破损，牙齿左边第三前臼齿齿冠缺失，右边犬齿和门齿缺失，左右第三臼齿尚未萌出，左侧门齿到第二臼齿长 46 毫米，下颌骨上升支缺失，第三臼齿未萌出，右侧第三前臼齿破损，门齿到第三臼齿长 47 毫米。

157

后丁氏杨氏鼢鼠头骨

Skull of zokor
(*Youngia epitingi*)

发现于周口店第 13 地点。

长 54.7 毫米，宽 31.5 毫米，高 19.5 毫米。

左右颧弓破损，两边齿列保存，齿列长 13.3 毫米。

158

后丁氏杨氏鼢鼠头骨

Skull of zokor
(*Youngia epitingi*)

发现于周口店第 13 地点。

长 53.8 毫米，宽 29.6 毫米，高 19 毫米。

左右颧弓破损，两边齿列保存，齿列长 17 毫米。

159

韩氏刺猬头骨

Skull of hedgehog
(*Erinaceus olgae*)

发现于周口店第 13 地点。

长 46.8 毫米，宽 23.4 毫米，高 12.4 毫米。

颧弓缺失，吻部无，左齿列保存完好，长 13.8 毫米。

160

变异狼头骨

Skull of small wolf
(*Canis variabilis*)

发现于周口店第 13 地点。

长 21.2 毫米，宽 83 毫米，高 61 毫米。

头骨受挤压变形，左右两侧颧弓缺失，左侧第四前臼齿到第二臼齿保存完好，其长 43.8 毫米，右侧仅保存一颗第四前臼齿。

161

中国貉头骨

Skull of Chinese raccoon dog
(*Nyctereutes sinensis*)

发现于周口店第 13 地点。

长 117 毫米，宽 55.8 毫米，高 50 毫米。

头骨两侧颧弓破损，右侧牙齿第四前臼齿至第二臼齿长 27.5 毫米，第一臼齿长 11 毫米，宽 12 毫米。

162

虎头骨及下颌骨

Skull with mandible of tiger
(*Panthera tigris*)

发现于周口店第 13 地点。

长 288 毫米，宽 113 毫米，高 118 毫米。

头骨带下颌骨较完整，颧弓损坏，鼻骨被挤压，右侧上犬齿缺失，头长 270 毫米。

163

三门马下颌骨

Mandible of horse
(*Equus sanmeniensis*)

发现于周口店第 13 地点。
长 225 毫米，宽 151 毫米。
右侧下颌骨下齿保存，下齿长 187 毫米。

164

葛氏斑鹿头骨带角柄

Skull with antler of Gray's sika deer
(*Cervus grayi*)

发现于周口店第 13 地点。

长 173 毫米，宽 100 毫米，高 85 毫米。

部分头骨带角柄，角柄长 40 毫米。

165

肿骨大角鹿头骨

Skull of thick-jawed deer
(*Sinomegaceros pachyosteus*)

发现于周口店第 13 地点。

长 300 毫米，宽 183 毫米，高 150 毫米。

头骨保存，左右角缺失，枕髁到第二前臼齿长 290 毫米，上颌骨第二臼齿处宽 110 毫米。

166

肿骨大角鹿下颌骨

Left mandible of thick-jawed deer
(*Sinomegaceros pachyosteus*)

发现于周口店第 13 地点。

长 249 毫米，长 128 毫米。

左侧下颌前段和冠突破损，除第二下前臼齿破损外其余牙齿基本完好，下齿列长 136 毫米。

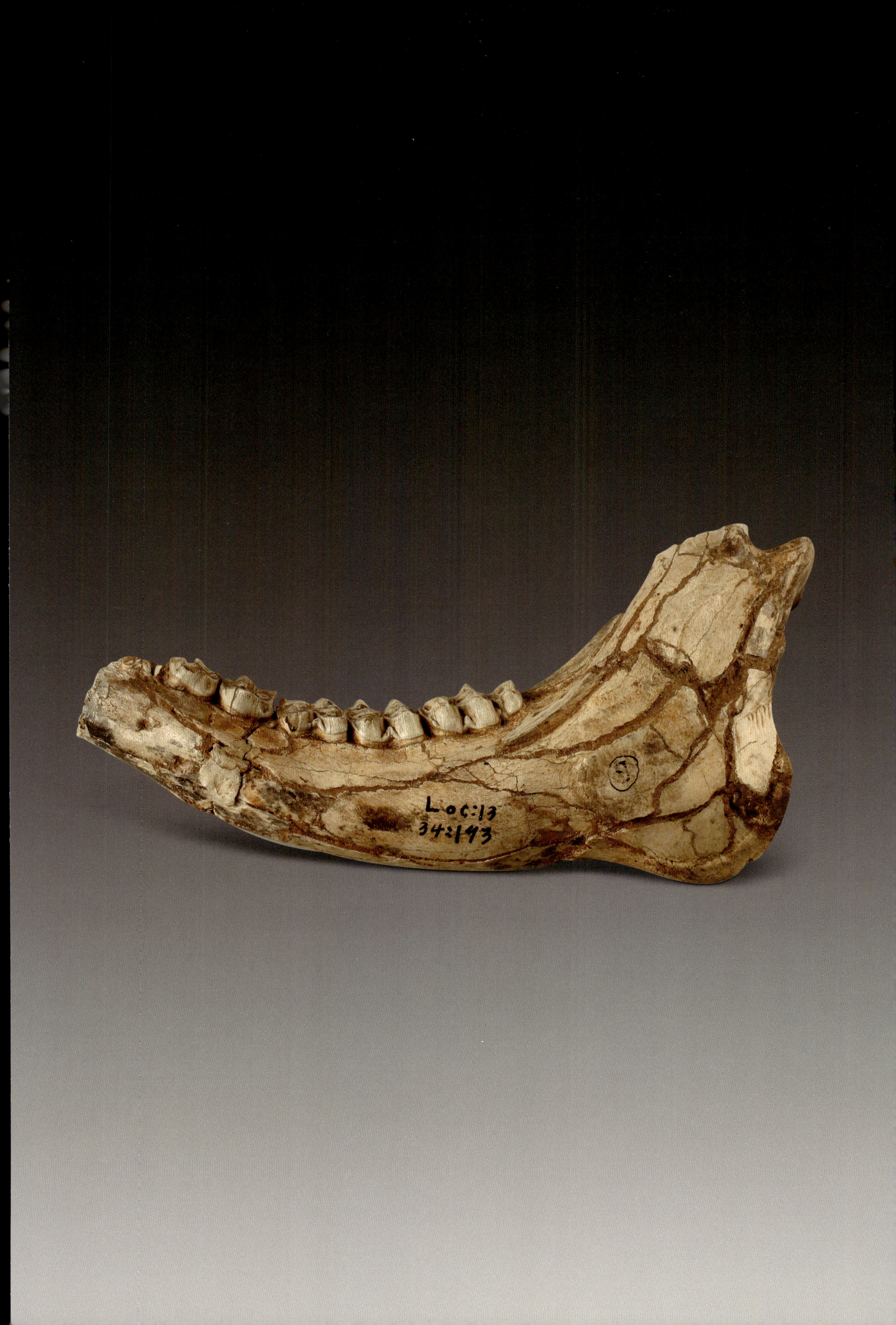
Loc:13
34:143
9

167

肿骨大角鹿头骨带右角

Skull with right antler of thick-jawed deer
(*Sinomegaceros pachyosteus*)

出土于周口店第 13 地点。

长 430 毫米，宽 16 毫米，高 280 毫米。

头骨保存完好，枕髁与环椎关连，左角缺失，右角基部保存，颊齿也保存完好，其长 97 毫米。

168

肿骨大角鹿头骨带完整角

Skull with antler of thick-jawed deer
(*Sinomegaceros pachyosteus*)

发现于周口店第 13 地点，距今 70 万年。
长 1650 毫米，宽 880 毫米，高 490 毫米。
头骨保存完好，眉枝主枝均无破损，左右颊齿保存。

第 14 地点

位于第 1 地点南约 1.5 千米处，在 1933 年、1951 年和 1953 年对这个地点的发掘中，共出土鱼化石 2000 多条，发现较完整的鱼化石 600 余条，均为淡水鱼，包括席褆刺鲃、短头鲃 、四川鲃、云南鲃，前两种已经灭绝，后两种现仍生活在长江以南，如四川、云南、广东、广西、海南、福建和台湾等省区。地质年代为上新世早期，距今约 500 万年。

Locality 14

Locality 14 is located 1.5km south of Locality 1. It used to be a longitudinal baggy limestone caves, 70m higher than modern riverbed. The site was excavated in 1933, 1951 and 1953, more than 2,000 pieces of fish fossils were unearthed. The fish discovered are exclusively freshwater-adapted including *Matsya hsichihi*, *Barbus brevicephalus*, *Barbus szechuanensis* and *Barbus* of *yunnanensis*, all of them are barbels. The former two species have become extinct, the other two species are still living in southern provinces of China, such as Sichuan, Yunnan, Guangdong, Guangxi, Hainan, Fujian, and Taiwan.The geological age is Early Pliocene (about 5 million years before present).

169

鱼化石
Fish fossils

出土于周口店第 14 地点，距今约 500 万年。

长 280 毫米 (V714.5)；另一条长 240 毫米 (V714.173)；保存现状完好，非常完整。

第 15 地点

出土化石较为丰富，除鸟化石外，还出土了 33 种哺乳动物化石，其中较重要的有鼢鼠、披毛犀、肿骨鹿、葛氏斑鹿、赤鹿、羚羊等。

Locality 15

In addition to bird fossils, 33 species of mammal fossils were also unearthed from Locality 15, including mainly zokor, woolly rhinoceros, thick-jawed deer, Gray's sika deer, red deer, and Gazelle. Those existed approximately 200-100 thousand years ago.

170

赤鹿角

Antler of red deer
(*Cervus elaphus*)

出土于周口店第 15 地点，距今 20 万 -10 万年。
长 390 毫米。
保存完好。

其他化石地点

周口店遗址第 7、8、9、12、18、20 等地点及顶盖堆积都有多种哺乳动物化石发现，包括肿骨大角鹿、猞猁、直隶狼、三门马、鬣狗、裴氏大灵猫、安氏貂、似埃楚斯堪熊等。时代从上新世到晚更新世（距今约 500 万 -10 万年）。

Other Localities

Locality 7, 8, 9, 12, 18, and 20 of the Zhoukoudian Sites had unearthed multiple species of mammals fossils. Including thick-jawed deer, lynx, wolf, horse, hyena, Pei's civet, Andersson's marten, Etruscus' bear, etc. The age is around Pliocene to Pleistocene (about 5 million to 100 thousand years from now).

171

肿骨大角鹿左上颌骨

Left maxilla of thick-jawed deer
(*Sinomegaceros pachyosteus*)

发现于周口店第 7 地点。
长 109 毫米，宽 72 毫米。
左上颌带有第二和第三臼齿，长 46 毫米。

172

肿骨大角鹿右上颌骨

Right maxilla of thick-jawed deer
(*Sinomegaceros pachyosteus*)

发现于周口店第 8 地点。

长 120 毫米，宽 70.8 毫米。

右上颌前臼齿破损，臼齿保存，第三前臼齿到第三臼齿长 99 毫米。

173

纳玛古菱齿象腕骨

Carpal bone of forest elephant
(*Palaeoloxodon namadicus*)

发现于周口店第 9 地点。

长 120 毫米，宽 163 毫米，高 94 毫米。

右侧腕骨 1 件，除后侧稍有破损外，其他都很完整。左右径 159 毫米，上下厚 88 毫米，前后径 133 毫米。

174

中国鬣狗上颌骨

Maxilla of giant hyena
(*Pachycrocuta sinensis*)

发现于周口店第 9 地点。

长 200 毫米，宽 162 毫米，高 124 毫米。

上颌骨及前颌骨保存基本完好，所有齿列都保存，但左上第四前臼齿严重破损，左犬齿断失，左犬齿前沿到左上第四前臼齿后沿长 124 毫米。

175

三门马上颌骨

Maxilla of horse
(*Equus sanmeniensis*)

发现于周口店第 9 地点。
长 255 毫米，宽 200 毫米，高 130 毫米。
腭部带牙齿，右边下齿长 203 毫米。

176

三门马上颌骨

Maxilla of horse
(*Equus sanmeniensis*)

发现于周口店第 9 地点。
长 266 毫米，宽 151 毫米，高 91 毫米。
保存完好。

177

似猞猁左下颌骨残段

Left mandible of lynx
(*Lynx* cf. *lynx*)

发现于周口店第 12 地点。

长 62 毫米，宽 53 毫米。

第一臼齿之前断裂，上升支保存完整，第一臼齿保存完好，长 17 毫米。

178

埃楚斯堪熊下颌骨

Mandible of Etruscus' bear
(*Ursus entruscus*)

发现于周口店第 18 地点。

长 149 毫米，宽 66 毫米，高 63 毫米。

下颌上升支破损，下颌颏体保存，前臼齿到第一臼齿保存，其长 82 毫米，第一臼齿长 23 毫米，宽 12.5 毫米。

179

三门马幼年下颌骨

Juvenile mandible of horse
(*Equus sanmeniensis*)

发现于周口店第 18 地点。

长 269 毫米，宽 68 毫米。

幼年右侧下颌骨带下颌联合部，乳齿系乳第二前臼齿至乳第上前臼齿保存完好，乳齿系长 100 毫米，第一前臼齿尚未萌出。

37

180

直隶狼上颌骨

Mandible of wolf
(*Canis chihliensis*)

发现于周口店第 18 地点。

长 125 毫米，宽 51 毫米，高 59 毫米。

残破头骨仅存前颌骨，上颌带鼻骨及部分额骨，右侧齿列第一上前臼齿至第三上前臼齿完好，第四上前臼齿仅存有半段，左侧齿列保存有完好的第二上前臼齿至第一上臼齿，其余牙齿缺损，残存标本最大长度为 136 毫米。

181

直隶狼下颌骨

Mandible of wolf
(*Canis chihliensis*)

发现于周口店第 18 地点。

长 168 毫米，宽 63 毫米，高 75 毫米。

右下颌上升支及犬齿均已断，前臼齿到臼齿保存，第二前臼齿到第二臼齿长 17 毫米。

182

鬣狗肱骨近端

Proximal end of humerus of giant hyena
(*Pachycrocuta* sp.)

发现于周口店第 18 地点。

长 133 毫米，宽 81 毫米。

关节面清楚，保留近端的部分长 133 毫米。

183

麂头骨带右角残段

Skull with antler of muntjac
(*Muntjacus* sp.)

发现于周口店第 18 地点。

长 160 毫米，宽 91.4 毫米，高 74 毫米。

麂头骨带右角基部，牙齿磨损严重，左边颊齿保存，右颊齿第二前臼齿已破坏，右角缺失，右角柄长度 50 毫米。

184

秃鹫头骨

Skull of vulture
(*Aegypius monachus*)

发现于周口店第 20 地点。

长 114 毫米，宽 76 毫米，高 47 毫米。

残破头骨，喙部保存完好，枕面及枕骨稍有破损，两侧颧弓缺失。

185

周口店双角犀头骨

Skull of double-horned rhino
(*Stephanorhinus choukoutienensis*)

发现于周口店第 20 地点。

长 690 毫米，宽 310 毫米，高 290 毫米。

头骨保存完好，左右颊齿均保存，鼻骨前端到枕髁 740 毫米。第二和第三前臼齿磨耗较深，第三臼齿尚未磨耗，第二前臼齿到第三臼齿长 290 毫米，第二臼齿长 65 毫米，宽 70 毫米。

186

纳玛古菱齿象头骨

Skull of forest elephant
(*Palaeoloxodon namadicus*)

出土于周口店镇娄子水村，距今约 4 万年。

长 2600 毫米，宽 1100 毫米。

头骨、枕大孔到第三臼齿长 800 毫米，两个上臼齿保存完好，左侧长 250 毫米，宽 110 毫米，右侧长 260 毫米，宽 105 毫米，左门齿齿槽有保存，枕髁保存。

参考文献

References

刘武、吴秀杰、邢松等 . 中国古人类化石 [M]. 北京 : 科学出版社 .2014.

高星 . 周口店北京人遗址 [M]. 北京 : 北京美术摄影出版社 .2004.

贾兰坡、黄慰文 . 周口店发掘记 [M]. 天津 : 天津科学技术出版社 .1984.

裴文中 . 周口店洞穴层采掘记 [M]. 北京 : 地震出版社 .2001.

齐陶 . 周口店遗址通览 [M]. 北京 : 同心出版社 .2009.

吴汝康等 . 北京猿人遗址综合研究 [M]. 北京 : 科学出版社 .1985.

吴新智 . 探秘远古人类 [M]. 北京 : 外语教学与研究出版社 .2015.

张森水 . 周口店遗址志 [M]. 北京 : 北京出版社 .2004.

图版目录

List of Plates

后 记
Postscript

周口店遗址是著名的古人类遗存，从20世纪20年代初开始，经过几代科学家的努力，在此先后发现了具有学术价值的化石地点27处，出土了大量的包括直立人、早期智人、晚期智人三种不同时期的古人类化石，同时还出土了从500万年前到几万年前的脊椎动物化石，其内涵之丰富，研究历史之长，在国际所有古人类遗址中尚属首位。时至今日，依然是世界上发掘出土材料最丰富、最系统、最有价值的早期人类遗址之一。周口店遗址是中国古人类学、旧石器时代考古学、古地理、古环境、古气候等综合研究的基地。1961年被国务院公布为首批全国重点文物保护单位，1987年被联合国教科文组织列入中国首批世界文化遗产名录，2008年、2010年先后被国家文物局评为首批国家一级博物馆、国家考古遗址公园。

为了更好地展示发掘成果，让收藏在博物馆里的文物、陈列在广阔大地上的遗产、书写在古籍里的文字都活起来，使广大公众共享遗产保护成果，从遗址发掘出土的近三百件人类化石、上百种动物化石、十多万件石器以及文化遗物中，精心选取了近二百件珍贵藏品，编辑出版本书。

本书涵盖了周口店遗址各个化石地点出土的重要化石标本，按照藏品分类，分为人类化石、石制品、文化遗物、动物化石四个部分，并对每件标本都做了详细的说明。对于周口店遗址博物馆来说，这是首次出版藏品图录，由于我们水平有限，本书中难免出现错漏之处，敬请广大读者批评指正。

本书在编辑过程中得到了中国科学院古脊椎动物与古人类研究所几位专家的大力支持与帮助，在此一并表示感谢！

周口店北京人遗址博物馆馆长

董翠平

Zhoukoudian Site was discovered in 1918, a total of 27 fossil localities were brought to surface. The human fossils unearthed from Zhoukoudian Site were attributed to Homo erectus, archaic Homo sapiens and modern Homo sapiens, which represent the three crucial stages of human evolution respectively, and indicate a nearly continued occurrence of humans in the local region. Zhoukoudian Site is outstanding because of the abundant human remains, where the stories of biological evolution and human evolution were well recorded. The site is of great significance to the studies of paleoanthropology, paleolithic archaeology, quaternary geology and paleontology. Zhoukoudian Site was put on the list of sites to be protected for their historical and cultural value at national level by the State Council of China in 1961 and inscribed on the World Heritage List by the UNESCO in 1987. After recognized as the first-class national museum in 2008, Zhoukoudian Site was confirmed as National Archaeological Site Park by the State Bureau of Cultural Relics in 2010.

In order to display the relics unearthed from Zhoukoudian Sites, we select 200 pieces of cultural relics and casts from nearly 300 pieces of Peking Man fossil, over 100,000 stone artifacts, and several layers of ash as evidence of fire use as well as more than 100 species of fossil animal, editing and publishing the catalogue.

The catalogue includs all the fossils and relics unearthed from Zhoukoudian Sites, in accordance with the classification of objects, into four parts of the human fossils, stone artifacts, cultural relics, animal fossils, detailed description of each fossils.

We express the gratitude to experts from the Institute of Vetebrate Paleontology and Paleoanthropology who provided professional support to this catalogue.

Director of Peking Man Site Museum at Zhoukoudian

Dong Cuiping